Comics da Imigração na América

Coleção Debates
Dirigida por J. Guinsburg

Equipe de realização – Tradução: Sergio Roberto Souza; Revisão de provas: Shizuka Kuchiki; Produção: Ricardo W. Neves e Sylvia Chamis.

**john appel
selma appel
COMICS
DA IMIGRAÇÃO
NA AMÉRICA**

EDITORA PERSPECTIVA

Direitos reservados em língua portuguesa à
EDITORA PERSPECTIVA S.A.
Avenida Brigadeiro Luís Antônio, 3025
01401-000 – São Paulo – SP – Brasil
Telefone: 885-8388
Fax: 885-6878
1994

Os autores autorizam a permissão de impressão das seguintes publicações e agradecem a editores e proprietários de *copyrights* por esta cortesia:

1. "American Negro and Immigrant Experience: Similarities and Differences", *American Quarterly*, XVIII, Spring, 1966, pp. 95-103.

2. "Immigrants and Symbols of National Unity: The Huddled Masses and the Little Red Schoolhouse", *American Education and European Immigrants: 1840-1940*, Bernard J. Weiss, ed. University of Illinois Press, Urbana-Champaign, Ill., 1982.

3. "The Grand Old Sport of Hating Catholics: American Anti-Catholic Caricature Prints", *The Critic*, Nov.-Dec., 1971, pp. 50-58.

4. "From Shanties to Lace Curtains: The Irishman in *Puck*", *Comparative Studies in Society and History*, 13, October, 1971, pp. 365-75.

5. "Pat-Riots to Patriots: St. Patrick's Day in American Cartoons and Caricature", *The Critic*, 43, Spring, 1989, pp. 36-52.

6. *Jews in American Graphic Satire and Humor*. American Jewish Archives, Hebrew Union College, Cincinnati, Ohio, 1984.

7. "Abie the Agent, Gimpl the Matchmaker, Berl Schliemazel *et al.*" C. Hardy & G. F. Stern, eds., *Ethnic Images in the Comics*, Balch Institute for Ethnic Studies, Philadelphia, Pa., 1986.

8. "The Trefa Banquet", *Commentary*, 42, February, 1966, pp. 75-78.

9. "Immigrant Historical Societies", in Francesco Cordasco, editor, *Dictionary of American Immigration History*, Garland Publishing Co., New York, 1989.

10. "Postcards: More Than Just 'Wish You Were Here'", *American Historical Association Perspectives* (A newsletter), 21, Dec., 1983, pp. 21-24.

11. "Everybody Works But Father" – Themes and Variations. Postcard Collector, July, 1987, pp. 54-58.

12. "Trade Cards", *Ethnic Images in Advertising*, Balch Institute for Ethnic Studies and Anti-Defamation League of B'nai B'rith, Philadelphia, Pa., 1984.

As ilustrações que aparecem neste livro foram gentilmente cedidas pela ADL (Anti-Defamation League of B'nai B'rith) – Nova York, E.U.A. – conforme autorização datada de 5 de janeiro de 1988.

SUMÁRIO

Prefácio dos Autores. 11

1. O Negro Americano e a Experiência do Imigrante: Semelhanças e Diferenças. . . . 19

2. As Massas Aglomeradas e a Escolinha Vermelha 37

3. A Grande e Velha Arte de Odiar Católicos (Imprensa de Caricaturas Anticatólicas Americanas). 55

4. Dos Barracos aos Palacetes: A Imagem Irlandesa em "Puck", 1876-1910. 71

5. De Pat-riotas a Patriotas: o Dia de São Patrício nas Charges e Caricaturas Americanas. 95

6. Os Judeus na Imprensa Satírico-Humorística Americana............. 119
7. Abie, o Representante, Gimpl, o Casamenteiro, Berl Schliemazel & Cia...... 143
8. O Banquete "Trefa"................ 155
9. Sociedades Históricas de Imigrantes.... 169
10. Cartões-Postais: Mais do que o Simples "Saudades de Você"................ 181
11. "Everybody Works but Father", Temas e Variações 189
12. Cartões Comerciais................ 201

PREFÁCIO DOS AUTORES

I

"Somos todos imigrantes, ou filhos de imigrantes" é um tema comum em numerosos livros publicados nos Estados Unidos desde o final da Segunda Guerra Mundial. Essa declaração, de fato, é válida: verdadeira até mesmo para os americanos natos, os índios, que se crê terem cruzado uma ponte natural há milhares de anos, vindos da Sibéria.

Ainda, nem todos os americanos, incluindo seus historiadores, se recordam de que, nos cinco séculos desde a descoberta européia da América, a diversificada população que se fixou no Novo

Mundo ou seus descendentes dividiram a experiência comum de deixar as redondezas que lhes eram familiares e de tentar um novo começo numa terra estranha e, para muitos, numa língua desconhecida.

Não é surpreendente que a imigração como um *leitmotiv* da história americana tenha me atraído, um cidadão naturalizado dos Estados Unidos, um imigrante refugiado da Alemanha hitlerista, quando me foi dada a oportunidade de ingressar na faculdade após a Segunda Guerra Mundial para me preparar para uma carreira de docente e pesquisador. A generosa Declaração Geral de Direitos possibilitou que homens oriundos das forças armadas, entre os quais eu me incluía, se matriculassem gratuitamente em cursos de nível superior. O meu, posteriormente, levou-me a um professorado em história e literatura americana pela Universidade Estadual de Michigan, em East Lansing. Lá, com o auxílio de minha esposa, Selma Appel, como co-pesquisadora e fotógrafa, começamos a colecionar, estudar e interpretar as charges e caricaturas etnorraciais nos impressos e nos periódicos de um Estados Unidos multirracial que acolhia imigrantes. Seriam esses estereótipos gráficos expressões inofensivas do bom e espontâneo humor étnico, ou conotariam, invariavelmente, agressões veladas e hostilidade sublimada contra seus grupos-alvos, como defenderiam os analistas freudianos? Teriam por vezes constituído ataques sutis, motivados por preconceitos de classe, de imigrantes estabelecidos contra recém-chegados de sua própria linhagem?

Enquanto as respostas convincentes a tais especulações não surgem facilmente, uma vista-d'olhos no sumário mostrará que os dois temas dominantes de nossas pesquisas conjuntas foram, primeiro, as questões de assimilação e aculturação que transformou imigrantes em americanos; e, segundo, a recepção dos imigrantes por aqueles já estabelecidos nos Estados Unidos, principalmente o crescimento dos estereótipos gráfico-visuais que se desenvolveram para quase todos os grupos de recém-chegados desde a fundação da república.

Logo aprendemos o que qualquer um que se interesse por imigração, nacionalidade e herança étnica descobre: o problema das generalizações que se desenvolvem sobre as experiências comuns e as características dos grupos predominantes de imigrantes e povoadores e o igualmente importante reconhecimento de que tais generalizações tendem facilmente a se enrijecer, a se internalizar; em poucas palavras, a se tornar estereótipos tanto derivados das observações do senso comum como das inferências escolares.

Sete ensaios enfatizam as figuras simbólicas americanas e os estereótipos gráficos de judeus e católicos irlandeses. Tratamentos mais degradantes e maldosos que conciliaram chineses e afro-americanos na caricatura do século XIX são apenas brevemente mencionados. Os símbolos nacionais também mereciam um tratamento mais extenso do que o aqui recebido. Em suma, os ensaios aqui reproduzidos não examinam o espectro *total* dos estereótipos nacionais, étnicos, religiosos e raciais encontráveis nos jornais e revistas americanos do século XIX. Representam abordagens à análise do imaginário dos chargistas e demonstram as possibilidades de interpretação inerentes a tal iconografia. O assunto é por demais vasto para ser tratado em sua plenitude; tentar fazê-lo desgastaria nossos leitores e a nós, tentando digerir uma incontrolável montagem de símbolos, estereótipos e figuras etnonacionais.

Mais umas poucas observações sobre a relação desses ensaios interpretativos com minha vida de professor e pesquisador propriamente dita. Na década de 1950, eu era um estudante graduado no programa de civilização americana da Universidade da Pensilvânia. Os estudantes e professores de lá pressupunham que o problema objeto da história, eventos e povo americano, que era o enfoque dos historiadores das tendências políticas e literárias, foram na maior parte identificados e classificados. As incumbências restantes para os de nós envolvidos com "estudos americanos" eram de tornar o desenvolvimento nacional americano explícito, ao traçar os trabalhos de um persistente "caráter nacional" responsável por modelar uma cultura nacional, singular, talvez até envolvente, mas todavia homogênea.

Menos do que uma década mais tarde, quando lecionava para estudantes de graduação da Universidade Estadual de Michigan, essa visão idealizada e de confortável "consenso" conservador da comunidade e cultura nacional era desafiada, por vezes de forma estridente, por historiadores jovens que enfatizavam a heterogeneidade e fragmentação em seu paradigma do passado americano.

Sua inclusão de grupos de pessoas, imigrantes, escravos, mulheres, trabalhadores, comunidades geográficas e ocupacionais etnorracial-religiosas, até aqui negligenciados, como parte integrante da grande sociedade, me atraiu mesmo não superando muitos padrões de eventos e personalidades que encontrei em meus estudos anteriores da história e literatura americanas.

A exemplo dos revisionistas, eu estava insatisfeito com os limites estreitos dos métodos tradicionais dos historiadores e sua ampla e politicamente enfocada narrativa do desenvolvimento da nação centrada num grupo de pessoas. Acreditava, e continuo a acreditar, que o sistema político americano, com sua ênfase na liberdade do indivíduo e nas limitações dos poderes de governo, merece um papel central no estudo do desenvolvimento americano. Ainda, a ênfase dos revisionistas na heterogeneidade, em grupos de pessoas, instituições e métodos negligenciados ou inexplorados na efetiva "história de baixo para cima", me atraiu.

Mas a investigação e apresentação da história social da média de homens e mulheres fora da elite apresentou dificuldades. Tais pessoas raramente mantinham diários, escreviam livros ou escreviam cartas longas e introspectivas preservadas em arquivos escolares. Seus pensamentos e suas reações poderiam ser averiguados pelas histórias que narravam, pelas anedotas que contavam, pelos menestréis e pelas *performances* de variedades que acompanhavam e cujos artistas pretendiam entreter o maior público possível.

Dado nosso longo e permanente interesse nas artes gráficas e no ímpeto dos historiadores em aprender mais sobre as reações do americano médio em relação aos povos imigrantes que transformaram a América urbana, a iconografia da caricatura etnorracial parecia ser uma área de pesquisa promissora e convidativa. Alguns dos ensaios deste livro, acreditamos, convencerão os leitores brasileiros de que o trabalho se fez merecedor, talvez encorajando alguns a empreender semelhantes explorações sobre as charges e caricaturas sul-americanas.

II

Os jornais e revistas anteriores a 1800 tiveram vida precária, limitados pelos altos custos das assinaturas e pelos métodos primitivos de produção e distribuição. Tudo isso mudou dramaticamente após a década de 1870. Entre invenções e aperfeiçoamentos, o telégrafo, a máquina de escrever, o elevador de passageiros e a luz elétrica mudaram o trabalho e a vida de muitos. Anúncios apareciam nas revistas; os jornais publicavam edições dominicais; letreiros, pôsteres e cartazes apelavam ao público em ônibus, paredes, cercas e laterais de celeiros. Laboratórios farmacêuticos distribuíam milhões de almanaques ilustrados. Em poucas palavras, abundavam os impressos e periódicos ilustrados, de anedotários, anúncios, livretos musicais e cartões de namorados a postais e cartões comerciais, muitos dos quais com caricaturas e desenhos satírico-humorísticos que descreviam figuras simbólicas como o Tio Sam e a Srta. Liberdade, burros e elefantes e personagens raciais, étnicas e de imigrantes. A parada etnoimigrante era liderada por Sambo, Paddy e Bridget, negros com máscaras de melancia e cômicos e irascíveis irlandeses, homens e mulheres. Hans, o holandês ou alemão seca-cerveja, o trançado João Chinês e o gesticulante judeu Abie, e outros estereótipos de imigrantes e representativos das personagens profissionais e regionais não estavam distantes.

A *caricatura* depende do exagero para funcionar, é útil para traduzir as realidades verdadeiras ou percebidas nas personagens exteriores. Como a *charge*, que é uma arte ou ofício (dependendo do executor), baseada em ilustrações principalmente cômicas ou burlescas. Ambas de linhagem pictórica, raramente são objetivas, desapaixonadas ou honestas em seus temas. Chargistas e caricaturistas não se dirigem a relatos confiáveis de um retrato honesto da realidade, principalmente num mundo multiétnico e multirracial. Ainda, pode-se inferir de seu trabalho as forças que alimentaram a agressividade dos estereótipos e como variam de era para era. Como erigiram opiniões sociais disfarçadas e interditas, noções e prejulgamento ao nível de símbolo ou declaração. Como, ocasionalmente, por exemplo, a respeito do imaginário do dia de São Patrício, criaram estereótipos que talvez tenham reforçado tradições étnicas e infundido respeito por eles num novo contexto.

Hoje, caricatura de pessoas específicas parece predominar na imprensa norte-americana, onde a caricatura étnica, racial e religiosa desapareceu em termos gerais. O desenvolvimento e o quase universal uso da fotografia, a expansão da televisão e a maior sensibilidade de anunciantes e jornalistas para acusações de críticas etnorraciais representam seus papéis nesse bem-vindo declínio da agressão às minorias em charges e caricaturas.

John & Selma Appel
East Lansing, Michigan.

1. O NEGRO AMERICANO E A EXPERIÊNCIA DO IMIGRANTE: SEMELHANÇAS E DIFERENÇAS

A edição do *Journal of American History* de dezembro de 1965 trazia um artigo de Rudolph J. Vecoli intitulado "Contadini em Chicago: uma Crítica do *Erradicado*", que relembrava a historiadores de imigração que, construindo figuras arquetípicas para representar as experiências históricas de um grupo, desmistificavam a subordinação da "complexidade histórica ao padrão simétrico da teoria sociológica".

Menciono este alerta para dizer que considerações de espaço aqui levam-me a desconsiderá-lo amplamente. Pela mesma razão, não comparo religião e educação de negros e imigrantes, nem demonstro como os dois grupos têm sido tratados por historiadores, romancistas e dramaturgos.

Ainda, por vezes emprego o termo imigrante com certa imprecisão para indicar mais uma pessoa de segunda ou terceira geração do que para alguém recém-desembarcado. Finalmente, embora reconheça que a investigação de vários subgrupos sem dúvida revelaria diferenças que pudessem qualificar minhas generalizações acerca de negros em geral e imigrantes em geral, na verdade nunca generalizei. Desafiar as generalizações de cada um é nosso exercício profissional, e prestar fortes considerações ao alerta de Vecoli levaria, temo eu, a facilitações relapsas.

O ponto crucial em qualquer comparação entre o negro americano e a experiência dos imigrantes é a raça. Ser negro significa ser parte de uma casta social nos Estados Unidos, norte ou sul, na maior parte de sua história. Mesmo após a "emancipação", ainda significa acesso barrado aos serviços públicos e tratamento desigual em questões como habitação, educação e oportunidade de trabalho. Embora o imigrante tenha enfrentado obstáculos difíceis para a assimilação e conseqüente progresso ao nível da classe média, esses obstáculos não foram insuperáveis.

Mesmo para imigrantes de primeira geração, a língua estranha, novos costumes e freqüente má acolhida foram menos pavorosos do que a barreira da cor, e, via de regra, puderam ser superados por seus descendentes, quando não por eles próprios. Seguramente, os imigrantes conheceram a ansiedade e a alienação, mas nenhum grupo branco de imigrantes experimentou uma condição prolongada de pária, pobreza, frustração, desorganização da vida familiar e tudo o mais que tem simbolizado a sorte do negro e, em certa extensão, a de outros "homens de cor" americanos: porto-riquenhos, mexicanos, índios. O imigrante progrediu numa economia em extensão enquanto o negro permanecia num subproletariado permanente, uma posição hoje talvez agravada pela automação. Os poucos homens que tenham estudado a história negra hoje duvidam que sua emancipação plena esteja vinculada seja a uma economia estável com pleno emprego para todos, seja a algum tipo de alternativas de pleno emprego socialmente aceitáveis.

Além das significativas e freqüentemente visíveis diferenças da cor de pele e posição social, os negros e imigrantes americanos se diferenciam por suas memórias culturais, ainda que atenuadas: captura forçada e escravidão contra uma busca auto-estimulada de oportunidade e fuga das privações. E enquanto o negro, a exemplo do imigrante, raramente tem perdido a confiança nas promessas dos sonhos e ideais americanos, poucas vezes na história americana o negro esteve identificado com os valores americanos, ainda que isso esteja definido.

Historiadores, sociólogos e antropólogos não têm sido capazes de responder à questão de se a ruptura do negro americano da cultura africana foi completa. Tenha sido completa ou não, a perspectiva dominante branca, até bem recentemente, a toda a prova, tem considerado a cultura africana inferior, e até mesmo bárbara. O imigrante, por outro lado, teve normalmente sua própria e complexa herança cultural que não apenas conhecia, mas da qual freqüentemente se orgulhava. Na verdade, muitos imigrantes eram miseravelmente instruídos mas tinham líderes, tanto na "velha pátria" quanto nos Estados Unidos, a quem podiam imitar e de cujos feitos se orgulhavam. Mais importante, a promessa americana continuava aberta para seus filhos.

Em poucas palavras, a história da experiência de negros e imigrantes nos Estados Unidos contém poucas analogias significativas e muitas diferenças significativas. Ainda, se ao negro americano se permite a ascensão com razoável velocidade à cidadania de primeira classe, estudos comparativos dos dois grupos devem indicar onde o progresso será relativamente fácil e onde não será. Obviamente, nenhuma analogia poderia ser tomada literalmente. Qualquer comparação é inexata. Outrossim, o que interessa a historiadores pode não interessar a ativistas políticos. Considerem-se, por exemplo, os contrastes marcantes entre os conceitos da sociedade americana descritos em estudos desses grupos de imigrantes e aqueles descritos ou ao menos insinuados por porta-vozes dos direitos civis dos negros. O excelente relato de Louis Lomax em *The Negro Revolt* aponta com franqueza a inferioridade das instituições negras segregadas – inferiores *porque* segregadas – para provocar os líderes negros a mover-se das instituições étnicas às gerais, dissolvendo a possibilidade de criarem uma comunidade viável, dado que o negro é o "único americano que [...] tem que se estender além de seu próprio grupo por uma identificação absoluta". Estudiosos da história do imigrante sabem que além das declarações de irmandade e igualdades repousa a realidade das fidelidades grupais remanescentes e auto-interesses econômicos, ou combinações desses fatores, que provavelmente não darão lugar, num futuro previsível, a uma democracia pura, homogênea, sem color, sem igrejas, associações, jornais, escolas e políticos étnicos.

Historiadores da imigração americana e porta-vozes de uma sociedade americana pluralista nem sempre entraram em acordo quanto à definição de qual é, ou deveria ser, o grau desejado de assimilação dos recém-chegados. Mas ambos os grupos parecem ter descartado há muito tempo a metáfora da mistura de raças, ao mesmo tempo que líderes negros, à exceção dos muçulmanos nacionalistas negros, vigorosamente a defendem. Historiadores e sociólogos relatam que as distinções entre grupos étnicos e religiosos estão se reduzindo, mas poucos prevêem sua breve extinção, e alguns as vêem tornando-se "novas formas sociais" próprias da vida americana[1]. Eles descrevem a comunidade urbana *branca* como um conglomerado de grupos coexistentes divididos em étnicos, religiosos, ocupacionais e de classes sociais. Nenhum branco americano, certamente, se move com exclusividade em qualquer um desses grupos, mas suas fidelidades são geralmente claras. Movimento de grupo a grupo, especialmente de "fora" para "dentro" de grupo, indica assimilação parcial, com elementos das últimas identidades conservados. Negros, quer parecer, não podem esperar ser completamente assimilados por qualquer um desses grupos, isto é, não podem desistir de ser considerados negros à medida que a porta da assimilação se abre para mais deles. Se tal assimilação é desejada pelo negro americano ou desejada pela própria sociedade, não é essa a questão. O processo de assimilação, como mostra a experiência do imigrante, atravessa várias ge-

---

1. Nathan Glazer e Daniel P. Moynihan, *Beyond the Melting Pot: The Negroes, Puerto Ricans, Jews, Italians and Irish of New York City*, Cambridge, 1963.

rações, continuando mesmo após os recém-chegados terem alcançado igualdade econômico-social. Não obstante, o inevitável sentido de separação, criado pelo aumento da discriminação, reforça a identidade étnica. Poderá o altamente visível negro americano, com seu senso de solidariedade desenvolvido pela separação e pela luta em busca da cidadania de primeira classe, evitar de algum modo esse desenvolvimento paradoxal?

Imigrantes e negros têm por muito tempo vivido em confinantes enclaves urbanos, freqüentemente em tensão e hostilidade. Muitos imigrantes posteriormente deixam suas áreas de primeiro assentamento enquanto muitos negros lá permanecem. O mesmo se verifica para as áreas do segundo assentamento, distritos para onde os imigrantes ou seus filhos se movem durante o processo de melhoria de sua condição sócio-econômica. Demonstrações contra os negros, de fato, geralmente ocorrem nessa "fronteira racial média" de penetração negra dentro dos enclaves étnicos brancos anteriores. O tipo de grupo étnico que confina uma seção negra tem portanto influenciado fortemente tanto a direção quanto a velocidade do movimento da população urbana negra.

Os imigrantes tinham a tendência de temer os negros, vendo neles uma ameaça à garantia de emprego e ao nível social. Os irlandeses do século XIX, por exemplo, competindo com os negros pelos piores trabalhos nos primeiros dias de imigração, eram extremamente hostis. No século XX, poloneses e eslavos têm sido fortemente resistentes a misturas raciais, com tumultos freqüentemente identificáveis com suas áreas de concentração urbana. Embora amizades individuais entre negros e porto-riquenhos realmente ocorram, conflitos entre bandos de negros e porto-riquenhos são também comuns na cidade de Nova York. Apesar de em Porto Rico haver pouco preconceito racial, no continente os porto-riquenhos geralmente rejeitam o negro como alguém que atrai a discriminação que eles tão desesperadamente desejam evitar – ainda que mantendo sua identidade étnica.

Outros exemplos de fricção entre grupos de imigrantes e negros não são difíceis de se encontrar, embora deva-se ter em mente que não os vejo como conflitos "naturais", inevitáveis ou inextirpáveis. Imigrantes italianos, freqüentemente hábeis no setor de construção civil, tendem a introduzir melhoria nos velhos bairros – "Pequena Itália" – nos quais muitos têm residido. A chegada de negros de baixa classe geralmente aparece como uma ameaça à estabilidade da comunidade, resultando em animosidades.

Geralmente, quando judeus deixam um enclave étnico, este é ocupado por negros. Por razões associadas à mobilidade econômica, tradição e hábitos judaicos, os judeus geralmente não têm recorrido à força física para desencorajar os recém-chegados de cor. Outro motivo para sua oposição menos obstinada a tranqüilos bairros residenciais para inquilinos negros pode estar associado à sua já mencionada alta taxa de mobilidade social, maior que aquelas de outros grupos étnicos comparáveis, o que permite aos judeus deixarem uma área étnica por melhores bairros enquanto fazem dos velhos imóveis disponíveis agora aos negros uma fonte de renda proveniente de vendas e aluguéis.

Uma pesquisa ordenada do arquivo histórico provavelmente revelaria exemplos de coexistência cortês e amigável entre populações imigrantes e de cor em áreas residenciais mistas ou ao menos contíguas. Narrativas de imigrantes e a história social americana, em geral, infelizmente, sugerem que a proximidade de negros e dos "nascidos fora" foi geralmente causa de conflitos raciais. Uma vez que a concentração em enclaves étnicos foi e é, ao menos em parte, voluntária para grupos brancos, e uma vez que tais afinidades, embora sem dúvida enfraquecendo, ainda persistem, a segregação negra é em parte no mínino um concomitante desejo de continuidade étnica tanto quanto de interesses econômicos revestidos e de animosidades raciais.

Esses fatos não são aqui citados como argumentação de *status quo*: tudo o que se puder fazer para dissolver os guetos raciais – redistribuição escolar, abertura de matrículas em escolas para crianças, até o abandono do princípio de residência contigua à escola e o rodízio de crianças de áreas brancas em escolas de áreas negras e vice-versa – deve ser tentado. Entretanto, aqueles que pretendem assentamentos urbanos completamente integrados devem ter também em mente que a imigração de populações pobres rurais se dá no Ocidente, em nações altamente desenvolvidas, tradicionalmente acompanhada por um movimento aos subúrbios de novos grupos afluentes. É relevante notar que na Inglaterra e na Dinamarca, por exemplo, a chegada de população de "grupos de fora" às cidades produziu resultados similares àqueles que transformaram os centros de algumas cidades americanas em virtuais setores exclusivamente negros.

A atitude do negro frente ao imigrante é naturalmente condicionada pelo fato de que enquanto o último pode não ser um cidadão, ele ainda é branco e portanto desfruta de oportunidades especiais. Além disso, após se recusar a viver numa comunidade racialmente integrada, o imigrante, via de regra, ou vende sua propriedade deteriorada a um negro por um lucro considerável antes de se mudar ou assume o papel de senhorio. Similarmente, suas organizações de classe excluem o negro mas geralmente controlam as associações de poupança e empréstimo com que ele financia a hipoteca de sua casa. Este tipo de coisa, particularmente no que diz respeito aos judeus, tem produzido toda uma série de artigos jornalísticos tanto de judeus quanto de negros, inteiramente prognosticáveis por suas tensões e ambigüidades. Por muitos anos, líderes negros se encontraram com líderes judeus num clima de cooperação cordial, embora nem sempre livre de tensões – cooperação que coexistiu com fortes sentimentos antijudaicos entre as massas negras e um geralmente leve mas significativo sentimento contra os negros entre os judeus. Kenneth Clark e James Baldwin, descrevendo o anti-semitismo negro, observaram que este permite ao negro expressar sentimentos contra os brancos ao mesmo tempo que se identifica com o preconceito da maioria branca. Líderes judeus recentemente responsabilizaram alguns líderes muçulmanos negros pelo anti-semitismo no Harlem. Por outro lado, pouco antes de seu assassinato, Malcolm X, apontando o progresso dos judeus americanos e seus laços com Israel, exortou os negros americanos a se identificarem, do mesmo modo, com as nações africanas para fortalecer seu senso de identidade de grupo.

Tanto a "sociedade do diploma" do avanço por mérito quanto a "democracia do dinheiro" sob as quais os imigrantes brancos prosperaram tendem a excluir os negros por causa de sua formação deficiente e falta de prática em geral em lidar com as habilidades e o comportamento da classe média. Líderes militantes negros, desse modo, querem tratamento preferencial para seu povo enquanto judeus e outros grupos étnicos reivindicam suas próprias conquistas para reconhecimento de mérito e o fim de quotas preferenciais de emprego. Netos de imigrantes em particular reclamam que seus avós não tiveram qualquer ajuda especial e ainda assim trabalharam até chegar "aonde nós estamos", e portanto por que não *eles*? – referindo-se aos negros. Condenar tal raciocínio como insensível à longa história negra de segregação forçada, pobreza e condição de segunda classe não remove a ameaça real que a chegada de um proletariado urbano negro representa para uma área étnica estável, orientada para a classe média. Temor da deterioração escolar, de habitações pobres e do crescimento da competição no mercado de trabalho não significa invariavelmente animosidade racial mas pode certamente causá-la quando populações separadas tanto por *classe* quanto por *raça* se encontram. Retórica não é remédio. Somente uma maciça ajuda federal pode dar esperanças de aliviar as causas básicas.

Por fim, não se deve esquecer que a subcomunidade criada pelos imigrantes protege seus próprios interesses e cria condições que tendem a colocar-se no caminho da completa assimilação dos negros. Embora nenhum historiador possa dizer a que ponto o preconceito de cor interfere na resistência à aceitação dos negros em determinado grupo branco, está claro que em alguns grupos a completa assimilação poderia ao menos diminuir ou enfraquecer profundamente valores e crenças arraigadas. (Ver, por exemplo, a articulação deste ponto de vista num discurso de um membro do Centro Judaico de Los Angeles, "O Centro da Comunidade Judaica e a Grande Sociedade", no boletim interno do Conselho do Bem-Estar Judaico, *JWB Circle*, set. 1965, pp. 1-2.)

Haverá tantos precedentes histórico quanto um imperativo moral para auxílio especial aos negros em sua busca pela plena cidadania? Aqueles que estiverem familiarizados com a história do imigrante poderão dizer aqui que a maior parte dos imigrantes americanos do século XIX recebeu uma pequena ajuda especial, outros grupos sociais americanos, ex-soldados, fazendeiros, industriais, corretores e construtores navais e ferroviários e vítimas de desastres naturais, têm sido freqüentemente favorecidos com auxílio oficial. Não obstante, auxílio a imigrantes tem sido uma característica da emigração patrocinada pelo governo britânico ao Canadá, Nova Zelândia e Austrália.

Imigrantes aos Estados Unidos dependeram principalmente de ajuda mútua, solidariedade de grupo e trabalho duro, mas vários tipos de assistência não foram raros. Estima-se, por exemplo, que mais da metade dos imigrantes brancos chegados aos Estados Unidos no século XIX foram servidores contratados cujas passagens foram previamente pagas. Mais tarde, várias organizações nacionais, religiosas e trabalhistas angariaram dinheiro para ajudar pessoas a imigrar. Em 1965, agências do Estado e da federação vieram em socorro dos cubanos chegados à Flórida quase na miséria e solicitando apoio financeiro, social, educacional e assistência vocacional.

Aqueles que aportaram à costa americana sem

qualquer tipo de assistência foram muito provavelmente ocupar as favelas urbanas, os anais da assistência social da cidade e os registros da polícia metropolitana. Os novos imigrantes do sul e do leste europeus, de vários modos comparáveis aos migrantes negros do sul, receberam auxílio de casas de assentamento e missões religiosas. Apesar do fato de serem eles tidos como inferiores aos anglo-saxões, foi-lhes dada essa assistência ao mesmo tempo que se sentiam as carências do negro livre condenarem-no à permanente condição de cidadão de segunda classe. Aqueles que se orgulhavam de sua "objetividade científica" geralmente concluíram que

se criminalidade e miséria são meramente conseqüências das circunvizinhanças pobres, há uma possibilidade de que melhores condições econômicas e posições sociais mais elevadas possam remover essa tendência e fazer do imigrante um virtuoso cumpridor das leis e cidadão auto-suficiente[2].

E, um fato completamente olvidado nas narrativas sobre o assentamento americano, alguns imigrantes retornaram a seus países de origem doentes tanto em saúde quanto em espírito, enquanto outros morreram a bordo dos navios ou foram mandados de volta às portas do país. Auxílio e operações de resgate por migrantes nativos, por outro lado, têm geralmente sido levados a efeito à plena vista da sociedade, com fracassos, sucessos e custos subsidiados.

A história do auxílio a imigrantes mostra que a assistência mal planejada e de curto prazo foi geralmente ineficaz e por vezes nociva. Visto que

2. Richmond Mayo-Smith, *Emigration and Immigration*, New York, 1890, p. 15.

a história do imigrante oferece muitos exemplos de esquemas de assentamentos infrutíferos, ela também nos fornece alguns exemplos de atividade de reassentamentos planejados, bem-sucedidos, que trouxeram vantagens como oportunidades de emprego e falta de resistência natural em áreas geográficas selecionadas. Se o governo federal deveria ou não se voltar a uma política de reassentamentos mais determinada de populações inteiras não é uma questão a que se possa responder com facilidade por quem se lembre dos esforços americanos que envolveram seus índios e os americanos de ascendência japonesa. Mas um sistema melhor de relatar oportunidades e informar os imigrantes sobre problemas que aguardam os colonos em suas novas comunidades, talvez administrado por agências especiais criadas para esse fim, ou ao menos suplementando departamentos governamentais já existentes, como o Serviço de Empregos dos EUA, sem dúvidas provar-se-ia útil, dando continuidade a um modelo iniciado quando o capitão John Smith descreveu a seu colega inglês as oportunidades que aguardavam por eles no Novo Mundo.

A história do imigrante mostra que o princípio da ajuda de reassentamento, seja de judeus, morávios, húngaros, brancos sulistas, negros, porto-riquenhos, mexicanos ou cubanos, representa uma longa tradição na filantropia privada americana e, em menor extensão – mas não desprezível –, na vida política do país.

Os imigrantes deixavam suas casas ao ver as promessas de uma condição econômico-social mais avançada; assim faz o negro. Excluindo-se um milagre nas relações humanas, isto indica que

31

a eliminação da segregação *de facto** aguarda pela eliminação da pobreza humana. Sem uma solução para este problema *social*, medidas para reduzir suas dimensões étnicas ou raciais – tratamento preferencial aos negros, reforço das leis antidiscriminação, melhor crédito imobiliário, plano de desenvolvimento urbano – serão importantes mas provavelmente menos do que decisivas.

A experiência do imigrante ainda sugere que os líderes negros devam, além disso, fortalecer as instituições comunais negras já existentes e talvez gerar oportunidades novas ou adicionais que criem um sentimento individual de mérito, dignidade, identidade e responsabilidade. Não será fácil. A classe média negra, como Franklin Frazier apontou, pouco tem contribuído para auxiliar as massas negras. Ativistas capazes de organizar demonstrações de protestos geralmente não estão bem qualificados para o trabalho lento e nada espetacular de elaborar estruturas e serviços à comunidade. Aqui novamente a experiência do imigrante sugere exemplos úteis.

Para o imigrante, os enclaves étnicos ofereceram muito do que era bom. Falava-se sua língua ali, seus costumes eram compreendidos. Igrejas e jornais correspondiam a suas necessidades. O mesmo acontecia com hospitais e instituições de ajuda mútua, clubes de serviços, centros comunitários, sociedades funerárias, associações creditícias, creches, asilos de idosos, e assim por diante. Instituições e arranjos que grandes parcelas da opinião pública viam como ameaça ao "estilo americano"

---

* *De facto*, em latim no original. (N. do T.)

serviram ao longo do tempo como pontes em direção a esse "estilo"[3].

Eleitores de blocos étnicos, por exemplo, adiantaram interesses da minoria, e arranjos "socialistas" facilitaram a "livre iniciativa". Os políticos negros podem, a exemplo dos políticos irlandeses que os precederam, solicitar apoio político que envolvam questões étnicas. Apenas quem nunca estudou o comportamento do eleitor americano no passado se sentirá incomodado com a noção de que ele, via de regra, vota de acordo com compromissos étnicos, religiosos, regionais ou de classe.

3. O exemplo seguinte deve ilustrar o que tenho em mente. Em 1960, a questão era aperfeiçoar as instalações tristemente abandonadas, superlotadas e ultrapassadas do Hospital Previdenciário para Negros de Baltimore. Gerald W. Johnson, de modo nenhum um segregacionista, escreveu a seguinte carta ao editor do *Sun* de Baltimore (21.02.1961), de onde se colheram estes trechos:

"[...] é inegável que [...] o Hospital Previdenciário [...] originou-se como um hospital para negros segregados [...]. Arrisco-me a sugerir, contudo, que sua filiação racial é um obstáculo fortuito. Quero dizer, é um risco que, com manipulação hábil, pode se converter numa vantagem. Nesta cidade há hospitais católicos, hospitais judeus, hospitais luteranos, hospitais presbiteranos, mas ninguém os vê como segregados. O máximo com que a filiação se importa é que certas classes de afiliados – o clero, por exemplo – podem obter concessões especiais de taxa, e assim por diante.

"Mas amigos judeus disseram-me que outra razão para se erigir hospitais judaicos é garantir instituições nas quais um brilhante jovem médico judeu, que queira se especializar, possa estar certo de que sua religião não lhe será impedimento para sua escolha [...].

"Bem, agora, se um judeu sofre impedimentos, que oportunidades na terra terá um jovem médico negro para garantir o treinamento necessário para alta especialização? [...] Mas isto é mais uma questão local. Um centro médico negro de primeira linha seria uma instituição nacional, recebendo tanto estudantes graduados quanto pacientes de todo o país [...] Se o anti-semitismo indiretamente propiciou os meios para se abrirem as portas da oportunidade aos jovens médicos judeus, por que não deveria Jim Crowism ser indicado indiretamente para assistir aos jovens médicos negros?"

A herança cultural negra, ainda que atenuada, pode se tornar fonte de orgulho legítimo e conseqüentemente um ponto de apoio para um povo ao qual foi negada a plena aceitação. Solicitações referentes ao bem-estar podem ser feitas para servir às aspirações de ascensão social, e segregação *voluntária* dirigida a objetivos específicos pode ser reconhecida como nem sempre incompatível com o auto-respeito. Após se localizarem as necessidades mais urgentes, devem-se canalizar as energias em instituições, concluir os acordos coletivos e políticos, decidir por planos e prioridades realistas[4].

Os primeiros esforços organizados pelos imigrantes visavam assegurar os objetivos básicos pelos quais o negro ainda está em campanha: um emprego, dinheiro, moradia decente, igualdade de tratamento. Após estas metas terem sido substancialmente atingidas, o imigrante iniciou sua busca por uma posição social. Isto foi, evidentemente, um empenho ilusório pois a condição social é concedida por outros e não depende unicamente de dinheiro. A literatura sobre a vida dos imigrantes nos Estados Unidos está repleta de frustrações

---

4. Desde que isto foi escrito, a tendência a subordinar demonstrações para organizações já se tornou aparente. Ver, por exemplo, Paul Good, "Beyond the Voting Rights Act", in *Reporter*, 07.10.1965, pp. 25-28, pela substituição da liderança por zelosos jovens manifestantes dos direitos civis para a organização política negra local de alguns condados da Geórgia. H. Aptheker, comentando meu trabalho, observou que a segregação voluntária para a obtenção de objetivos específicos, incluindo-se aqueles de dar um fim à segregação forçada, não é novidade para os negros americanos. Há negros maçons, negros *Elks*, associações médicas e dentárias negras, uma associação de bares negros, a imprensa negra, e outros grupos que têm capacitado o negro americano a cooperar para a obtenção dos objetivos sociais, econômicos e profissionais.

múltiplas e sutis, reais e imaginárias, as quais os imigrantes e seus descendentes têm experimentado.

É muito cedo para avaliar a reação da comunidade negra à necessidade de serviços sociais e atividades de ajuda mútua. Relatórios, tanto do norte como do sul, já mostram, entretanto, que a liderança negra está se tornando consciente das lacunas na estrutura de sua comunidade negra e está desenvolvendo programas para corrigi-las. Uma vez feito isto, pode-se ver um modelo de vida e organização semelhante ao modelo das comunidades de imigrantes americanas que se desenvolveram nos dias de imigração de massa e que, com algumas modificações, ainda existe em alguns grupos. Pois como Ralph Ellison em seu *Invisible Man*:

A América é tecida por muitos fios: eu os reexaminaria e a deixaria permanecer assim. Nosso fado é nos tornarmos um, e ainda assim muitos – isto não é uma profecia, mas uma descrição.

2. AS MASSAS AGLOMERADAS E A ESCOLINHA VERMELHA

Os símbolos são a taquigrafia das idéias, avaliam os que pretendem comercializar mercadorias, bijuterias decoradas com a Velha Glória* e a águia americana, programas políticos e noções estereotipadas. O gigante verde, a suástica, Papai Noel e a Estátua da Liberdade, para indicar apenas uns poucos símbolos familiares, remetem-nos a reflexos condicionados, atraem ou repelem, e podem ser habilmente explorados para promoções de vendas ou para fazer história[1].

---

* Velha Glória (*Old Glory*): a bandeira dos EUA. (N. do T.)

1. Tom E. Snellenberger, "Ajax Meets de Green Giant; Some Observations on the Use of Folklore and Myth im American Mass Marketing", *Journal of American Folklore*, nº 87, 1974, pp. 53-65.

A escolinha vermelha já simbolizou para muitos a mais alta realização dos ideais democráticos e igualitários, a escola pública controlada e mantida localmente, oferecendo oportunidades iguais a todos. Como um símbolo patriótico em potencial, a escola rural serviu tanto a interesses comerciais quanto políticos. Por exemplo, cartões comerciais distribuídos por negociantes, e avidamente colecionados e preservados em álbuns e cadernos, estimulavam possíveis compradores dos "calçados escolares" Henderson's a procurar pela marca da "Escolinha Vermelha" na sola de cada par[2]. A escolinha vermelha, com a bandeira americana em destaque, servia também como uma divisa patriótica, um marco cívico para os programas político-sociais de ao menos três movimentos nativistas, da Associação Protetora Americana da década de 1890 à Ku Klux Klan das décadas de 1920 e 1930[3].

Hoje, ela é lembrada principalmente por ilustrações freqüentemente reproduzidas, como o óleo de 1872, de Winslow Homer (também muito distribuído como uma litografia), *Mordendo o Açoite*, e interpretações similares, românticas ou realistas, dos exteriores e interiores das escolas rurais da Nova Inglaterra, feitas por romancistas e pintores de gênero do século XIX. Versões de escolas pintadas de branco e construções em madeira não pintada mereciam igualmente as atenções de milhões de pessoas, que as organizavam com os velhos barris de carvalho e a igrejinha marrom do

---

2. Para um estudo de como os símbolos patrióticos têm sido empregados com propósitos comerciais, ver Curtis F. Brown, *Star-Spangled Kitsch*, New York, Universe Books, 1975.

3. O estudo definitivo do movimento nativista é de John Higham, *Strangers in the Land: Patterns of American Nativism, 1860-1925*, New York, Atheneum, 1963.

vale, quer tenham alguma vez comparecido ou não a alguma escola rural de uma só sala[4].

Em anos recentes, alguns historiadores revisionistas da educação americana têm lidado um tanto severamente com a visão quase utópica da escolinha vermelha. Eles não apenas rejeitam a visão laudatória da escola pública comum, identificada na emblemática escolinha vermelha, mas também censuram-na por reprovar ou recusar muitas crianças das minorias, incluindo-se algumas de imigrantes de linhagem branco-européia[5].

Nosso objetivo neste estudo não é decidir se atitudes positivas ou negativas para com as regras da escola pública na educação de crianças imigrantes se justificam pelas circunstâncias de localidades em particular. Desconfiamos da maioria das numerosas generalizações sobre o que aconteceu a todos os imigrantes em todas as escolas, pois tais generalizações, chamando a atenção para toda a história da educação americana, são em grande parte declarações de posições ideologicamente isentas de paixão sobre o que se passou com determinadas crianças imigrantes em suas escolas.

Ao invés de tomar partido pró ou contra os historiadores revisionistas, gostaríamos de demonstrar como dois símbolos populares, instantaneamente reconhecíveis, dos ideais e da nacionalidade americana, a escolinha vermelha e a Srta. Colúmbia, incorporando os preconceitos políticos e sociais de milhões, foram explorados em debates

---

4. Quanto ao tradicional afeto dos americanos por tais símbolos, ver Richard M. Dorson, *America in Legend: Foklore from the Colonial Period to the Present*, New York, Random House, 1973.

5. Uma revisão da literatura revisionista encontra-se em Diane Ravitch, *The Revisionists Revised: A Critique of the Radical Attack on the School*, New York, Basic Books, 1978.

ideológicos acerca da admissão e da educação de imigrantes. Mesmo uns poucos exemplares sobreviventes desses símbolos, dos milhões distribuídos para tomar de assalto a opinião pública ou persuadi-la a reprimir algumas das emoções, ideais e influências que deveriam ser levadas em consideração por quem quer que pretenda recriar e avaliar, de forma realista, as crenças e preconceitos – e ideais – que moldaram as ações e atitudes determinantes na educação de imigrantes europeus, adultos e crianças, na última metade do século passado e nas primeiras três décadas deste.

Hoje, a Estátua da Liberdade, mais do que a Srta. Colúmbia ou a escolinha vermelha, significa, para muitos americanos, os oprimidos de outras terras aos quais, nas palavras de O. Henry, a heróica matrona que guarda o porto de Nova York "oferecia irônicas boas-vindas"[6]. Essa associação com as massas aglomeradas do soneto de Emma Lazarus dedicado à Estátua da Liberdade é sensivelmente o produto dos anos que se passaram desde que os portões dourados foram fechados pelas leis de contingência na década de 1920. Ainda que a imigração tenha sido retomada numa escala controlada desde sua revogação, as chegadas de hoje quase não se associam aos primeiros e tão relembrados vislumbres dos Estados Unidos com a figura de Bartholdi*.

Até a Estátua da Liberdade tomar a dianteira como o cabeça da família coletiva americana e remeter o Tio Sam a um lento declínio, do qual ainda não se recuperou, a última deu as boas-vin-

---

6. O. Henry [pseud.], "The Lady Higher Up", in *Sixes and Sevens* New York, Doubleday, Doran & Co., 1911, p. 202.

* Bartholdi, escultor da Estátua da Liberdade. (N. do T.)

das típicas aos recém-chegados às costas americanas, onde a Srta. Colúmbia então inspecionava sua adaptação e instrução, de acordo com dúzias de desenhos e caricaturas de tendências sócio-políticas[7].

Na Fig. 1, o Tio Sam leva o garotinho filipino à escolinha vermelho-branco-azul onde a Srta. Colúmbia se encarrega da educação de crianças de cor que representam o Havaí, Porto Rico, Cuba e os índios americanos.

Especialmente na segunda metade do século XIX, quando a expansão imperialista e a migração em massa aumentavam sensivelmente a população americana dentro e fora das escolas, o Tio Sam e a Srta. Colúmbia geralmente repartiam os deveres simbólicos que hoje estão a cargo da Estátua da Liberdade. A exemplo de outras personagens que personificam nações-Estados, o alto, magro e campestre fazendeiro ianque*, o Tio Sam, representando o governo e seus poderes, evoluiu através das décadas ganhando a honra de personi-

---

7. Charlotte W. Davis, "An American Symbol: Columbia", *Foreign Service Journal*, nº 50, julho de 1973, pp. 6-23. Ilustrações deste capítulo e a conferência apresentada ao Fórum Histórico de Duquesne vieram de nossa coleção particular de revistas, Biblioteca do Congresso, Institution, Smithsonian Universidade de Michigan e Universidade Estadual de Michigan, nossa casa de origem. Queremos registrar também a assistência financeira por parte de uma orientadora da UEM: Jannette C. Fiore, pela pesquisa de ilustrações apropriadas nos arquivos especiais da UEM; John Schultz, pela supervisão da fotografia no Centro de Mídia; Henry Silverman, pela contribuição de alguns fundos do departamento ATL.

* Visando evitar confusão de sentido, cumpre esclarecer que o vocábulo *ianque* (*yankee*), num primeiro instante (quando da colonização dos EUA), referia-se aos dominadores britânicos; num segundo momento (durante da Guerra Civil), referia-se aos nativos do norte; atualmente, é utilizado na Europa e no Terceiro Mundo para designar qualquer cidadão americano. (N. do T.)

Fig.1
"A Política Americana", *Judge*, 20 de abril de 1901.

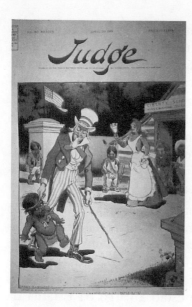

Fig. 2. Havaí e Canadá solicitando admissão à escola da Srta. Colúmbia, *Judge*, 1893.

Fig. 3. "O Grande Inútil na Escola Pública da Srta. Colúmbia", *Harper's Weekly*, novembro de 1871.

ficar os Estados Unidos logo após uma cerrada disputa com o Irmão Jonathan, um alto, sagaz e impudente caipira da Nova Inglaterra[8].

Diferente do Tio Sam, que personificava os aspectos formais e legais do governo, a Srta. Colúmbia, produto duma combinação de princesa indígena e deusa clássica, defendia a liberdade, democracia, igualdade e respeito pela dignidade humana. Entre as décadas de 1850 e 1890, ela era freqüentemente representada como a consciente governanta do povo americano ou a guardiã de suas liberdades. Na charge "Questão Chinesa", de Thomas Nast, por exemplo, publicada no *Harper's Weekly* de fevereiro de 1877, ela protege seu pupilo chinês da fúria insana de desordeiros e rufiões irlandês-americanos.

Como uma combinação de princesa greco-romana do hemisfério ocidental, nomeada após sua descoberta pelos europeus, ela personificava valores plantados no Iluminismo francês, particularmente o aperfeiçoamento humano que surtiu efeito entre as instituições de democracia igualitária servindo ao bem comum.

Ela guiou o barco do Estado, ensinou a políticos venais e editores as regras do bom governo e dirigiu a escola da cidadania para nativos e nascidos fora – especialmente, é claro, aos nascidos fora, que chegaram em número cada vez maior durante a segunda metade do século XIX. Numa charge publicada por *Judge* em 1893, ela dirige a escola da boa cidadania para várias nacionalidades, mas é obrigada a expulsar seu pupilo chinês

---

8. Para a história da aceitação dos caracteres simbólicos de Brother Jonathan e Uncle Sam, veja Alton Ketchum, *Uncle Sam: The Man and the Legend* (New York: Hill and Wang, 1959).

após a aprovação do Decreto de Expulsão Chinesa, enquanto Pat, a personificação americana do católico irlandês, deleita-se com o infortúnio de João Chinês.

Outra ilustração, também publicada por *Judge* em 1893, fornece-nos um cenário de conflito de grupo conforme a visão do semanário chargista controlado pelos republicanos (ver Fig. 2). Seu tema imediato era o pretenso desejo de o Havaí e Canadá (representados por duas crianças interrogadas pela Srta. Colúmbia) juntarem-se aos outros grupos étnicos, raciais e religiosos já matriculados em sua escola. Enquanto a professora polidamente ouve os últimos candidatos, seus demais encargos, durante o intervalo no pátio da escola, ocupam-se por trás de suas costas com várias atividades proibidas: o branco sulista ataca o negro com uma baioneta; o irlandês agride o chinês; o judeu e o não-judeu discutem; o mexicano e o turco jogam dados num canto; dois alemães carregam a bandeira vermelha do socialismo e a bomba dos anarquistas; o italiano e o índio estão assustados ou desconcertados.

Um dos principais problemas da Srta. Colúmbia como senhora da escola pública americana era o comportamento dos católicos irlandeses (ver Fig. 3). Thomas Nast, em seu "O Grande Inútil na Escola Pública da Srta. Colúmbia", deixou isso claro aos leitores do *Harper's Weekly* em novembro de 1871, com a riqueza de detalhes e tipologia das charges apinhadas, carregadas de símbolos, e parciais da época[9]. Mamãe Britânia observa como

---

9. Para o trabalho de Nast, veja Morton Keller, *The Art of Politics of Thomas Nast* (New York: Oxford University Press, 1968).

Pat* lhe tem dado, também, um sem-fim de problemas em sua escola. Nesse meio tempo, as crianças que representam chineses, judeus e outros grupos nacionais sentam-se comportadamente em seus bancos escolares. À direita da Bíblia Sagrada, sobre a mesa da professora, há um papel com a anotação "conflitos em Nova York e Velha Cork"**, mais a evidência de efeitos: uma garrafa de rum, uma pistola, uma adaga e uma pedra, recolhidos do penitente e rabugento Pat.

Em sua charge "Fort Sumter", de 1870, Nast mostrava o canhão gigantesco dos irlandeses e seus aliados eclesiásticos disparando balas com a inscrição "eleição, naturalização e fraude eleitoral" contra a Escola Pública dos Estados Unidos, situada na Ilha Liberdade. Num pôster lançado contra a barreira de sacos de areia, identificados com seu conteúdo de impostos, dinheiro do conselho comunitário e dinheiro do Estado e da escola, lê-se "Liberdade de educação e culto: estes dois princípios não são apenas contrários às leis de Deus e da Igreja, mas estão em contradição com a concordata assinada entre a Santa Sé e a República, nociva à Igreja e à sociedade".

A mais poderosa e provavelmente mais freqüentemente reproduzida das charges anticatólicas e antiirlandesas de Nast foi, certamente, "O Rio Ganges Americano", subintitulada "Os Padres e as Crianças", publicada na edição de setembro de 1871 do *Harper's Weekly* (ver Fig. 4).

Aqui ele representava as forças do Chefe

---

* Pat, apelido do católico irlandês, é diminutivo de Patrício, santo católico padroeiro da Irlanda. (N. do T.)

** Referência ao distrito de Cork, na Irlanda, e trocadilho fonético (New York and Old Cork). (N. do T.)

Tweed* e da Tammany Hall** combinadas com a Igreja Católica Romana num temeroso ataque à escola pública americana. Os detalhes são de notável valor: um professor solitário, com a Bíblia protestante inserida na jaqueta, tenta proteger as crianças dos jacarés, que, numa inspeção mais cuidadosa, assemelham-se a padres; suas mitras são as bocas abertas dos répteis, seus rostos são do tipo tipicamente associado ao irlandês. Os professores estão sendo arrastados à força; a bandeira americana tremula de ponta-cabeça, um sinal convencional de perigo, enquanto os de Tammany Hall içam sua bandeira com os símbolos da harpa irlandesa e da tiara papal. Assim, Tweed rodeia as crianças da cidade de Nova York, e a Igreja as sacrifica aos padres; um professor solitário é o único baluarte entre os inocentes e os répteis vindo devorá-los.

As charges anticatólicas e antiirlandesas de Nast estão entre as mais conhecidas, as mais facilmente acessíveis e, certamente, as mais fortes expressões públicas da hostilidade aos católicos em geral e americano-irlandeses em geral no século XIX americano do pós-Gerra Civil. Mas Nast não era uma voz isolada em sua época.

Embora a influência de seu trabalho e simbolismo não possa ser medida pelos padrões preferidos pelo cientista social de hoje, um espantoso testemunho do impacto das poderosas imagens de Nast no *Harper's Weekly* é uma charge publicada no *The Truth Seeker*, um semanário defensor do livre-pensador que apareceu com breves inter-

---

* Tweed, William M. Tweed, líder democrata. (N. do T.)
** Tammany, sede e organização central do Partido Democrata, em Nova York. (N. do T.)

Fig. 4. "O Rio Ganges Americano", *Harper's Weekly*, setembro de 1871.

Fig. 5. "A Casa de Proteção sob Ataque", *Puck*, abril de 1885.

Fig. 6. O cabeçalho da Associação Protetora Americana, *The Republic*, 20 de junho de 1886.

Fig. 7. Um emblema da Ku Klux Klan, *The Kourier*, junho de 1932.

rupções durante doze anos, entre 1886 e 1897[10]. Intitulada "Nossos Indesejáveis Imigrantes", mostrava a escola livre flanqueada pelo convento, cujos padres rastejantes foram obviamente inspirados na charge do "Rio Ganges", de Nast.

À medida que a fama de Nast como primeiro chargista da América declinava, emergia a de Joseph Keppler, fundador e chargista-chefe, em 1876, de *Puck*, um semanário de humor e sátira. Keppler, a exemplo de Nast, um imigrante alemão, nascido dentro da fé católica, compartilhava o desgosto do antecessor pela Igreja Católica e pelos irlandeses. Na charge aqui reproduzida (Fig. 5), publicada na edição de *Puck* de abril de 1885, as muralhas defendidas pelo editor e outros jornalistas estão sob ataque da Igreja Católica Romana, comandada por padres irlandeses. O objetivo imediato do ataque é a Casa de Proteção, uma espécie de prisão juvenil ou serviço de assistência, em cujo corpo administrativo a Igreja requisitara representação. Além da Casa de Proteção, achavam-se objetivos ainda maiores, como a escola pública e o próprio governo. Noutra versão do mesmo tema, Keppler representava a própria Srta. Liberdade preparando-se para rechaçar o ataque de uma cobra clerical às desamparadas vítimas escolares que representavam os jovens internos da Casa de Proteção.

O *Dicionário dos Americanismos e Suas Origens Históricas* localiza o primeiro registro de uso literário da expressão "a escolinha vermelha" em

---

10. Sobre o movimento Freethought (Livre Pensamento), veja George E. MacDonald, *Fifty Years of Freethought* (New York: Truthseeker Co., 1929).

1862[11]. Mas não obteve aceitação popular até as sociedades patrióticas da década de 1890 começaram a empregá-la como mote e símbolo da escola pública gratuita, mantendo-se fiel aos rurais e protestantes valores americanos.

A secreta, anticatólica e particularmente anti-irlandesa APA (Associação Protetora Americana), uma ativa organização nativista na década de 1890, empregava efígies da escolinha vermelha em suas paradas e no cabeçalho de seu principal órgão impresso publicado em Washington (Fig. 6). A eleição de 1896 é vista geralmente como o final do movimento APA, embora a organização tenha durado ao menos por outros dez anos como uma sociedade secreta um tanto ineficaz[12].

O emblema da escolinha vermelha também serviu repetidamente aos interesses expansionistas republicanos, como na Fig. 1. Em outra ilustração de 1899, não reproduzida aqui, *Judge* representava Aguinaldo, líder dos insurretos filipinos, fugindo da escola onde professores americanos, enviados às ilhas após a vitória na guerra, mas antes da pacificação dos insubordinados se ter completado, lecionavam inglês e, conforme *Judge*, destruíam "superstição, vício e ignorância".

A escolinha também aparecia regularmente no cabeçalho do frontispício de *Menace*, o mais próspero de uma série de folhetos de propaganda radicalmente anticatólica, contra os negros e anti-semita, publicada como parte de uma veemente

11. Mitford M. Mathews, ed., *A Dictionary of Americanisms on Historical Principles*, 2 vols. (Chicago: University of Chicago Press, 1951), vol. 2, p. 1372.

12. Para a história da APA, veja Donald L. Kinzer, *An Episode in Anti-Catholicism: The American Protective Association* (Seattle: University of Washington Press, 1964).

campanha anticatólica inaugurada em 1910 e durando até a entrada do país na Primeira Guerra Mundial.

Finalmente, conforme mencionado no início deste texto, o símbolo da escolinha vermelha foi incorporado pela Ku Klux Klan em sua agitação antiimigrante, anticatólica e anti-semita, do apoio da legislação de contingência de 1920 à sua cruzada anticatólica da década de 1930 (Fig. 7)[13].

Ainda, os membros e simpatizantes da Ku Klux Klan não eram os únicos americanos que na década de 1920 ainda tinham fé em alguns valores que a escola de uma só sala simbolizava: Diane Ravitch, em *The Great School Wars*, sua história das "escolas públicas como campos de batalha das mudanças sociais em Nova York", relata que a Associação de Educação Pública, entre 1922 e 1932, patrocinou uma escola piloto, no sistema municipal de Nova York, denominada "a escolinha vermelha", que agrupava crianças conforme testes de habilidades mentais. Embora a afiliação pública se tenha interrompido após 1932, ela sobreviveu como uma escola privada progressista[14].

Em suma, a escolinha vermelha simbolizou valores associados principalmente a uma América rural, provinciana, homogênea, branca e protestante, mesmo enquanto o país se movia irrevogavelmente em direção à era industrial, com sua cultura urbana, heterogênea, mestiça e secular. Foi um símbolo já conflitante com a direção da histó-

13. Uma descrição das atividades e programas do Klan pode encontrar-se em David M. Chalmers, *Hooded Americanism, the First Century of the Ku Klux Kan: 1865-1965* (Garden City, N.Y.: Doubleday & Company, Inc. 1965)

14. Diane Ravitch, *The Great School Wars: New York City, 1805-1972* (New York: Basic Books, 1974), pp. 234-35.

ria americana como se a percebe hoje, mas para a qual nenhum substituto simbólico realmente significativo se ofereceu.

Assim, a escolinha vermelha e outros símbolos populares trazem-nos à mente, por um lado, o canto de sereia dos motes e programas simplificados no complexo processo educacional de nativos e imigrantes. Por outro lado, mostram-nos a atual ausência de símbolos que possam fornecer pontos de referência do que é forte, apelativo e excelente no que diz respeito à educação das minorias, símbolos que auxiliariam grupos de visões divergentes na articulação dos ideais e valores, divididos melhor do que aquele símbolo onipresente da história recente, o ônibus escolar.

Assim, mais uma vez, talvez não resistam por muito tempo os símbolos com capacidade de destilar e representar tal divisão de idéias e valores. Seja como for, sua indisponibilidade atual demonstra que pode ser tão difícil viver em conformidade com mitos convenientes à escola e à sociedade quanto viver tentando esquecer estereótipos arcaicos ou até mesmo nocivos.

3. A GRANDE E VELHA ARTE DE ODIAR CATÓLICOS (IMPRENSA DE CARICATURAS ANTICATÓLICAS AMERICANAS)

"O *anticatolicismo* foi o anti-semitismo do século XIX protestante", escreveram Seymour Martin Lipset e Earl Raab, co-autores de *The Politics of Unreason*, um volume publicado em 1970 pelo centro de pesquisas da Universidade da Califórnia, como parte de uma série contínua de investigações do preconceito americano.

Isto pode parecer uma surpresa para católicos jovens, da geração pós-Kennedy, aos quais falta uma idéia distinta do ódio e suspeita dirigidos contra os católicos e a Igreja Católica no passado. Provavelmente ainda menos católicos contemporâneos devem ter visto mais do que uma ou duas reproduções das diversas caricaturas e charges que em tempos idos dramatizaram vários temas de agitação e fanatismo católicos. Este ensaio apresenta uma seleção das numerosas caricaturas americanas produzidas em massa e ilustrações que por quase cem anos mostraram a Igreja Católica e, mais especificamente, os irlandeses católicos americanos como os alvos das charges venenosas, ou ao menos extremamente críticas, nascidas das penas dos caricaturistas americanos.

Se este estudo fosse incluir caricaturas anti-católicas européias ou as mais antigas, de produção inglesa, a história evidentemente começaria muito antes. Entalhes e estampas foram instrumentos largamente utilizados pela Reforma protestante. O anticatolicismo universal da velha Inglaterra foi muito cedo transplantado às costas da América do Norte e vigilantemente nutrido pelos colonos ingleses de Plymouth Rock às fronteiras sulistas com a Espanha católica.

De fato, os preconceitos anticatólicos do colono inglês médio provou-se um dos elementos mais perseverantes da civilização britânica. Durante o século XVIII, quando poucos católicos viviam nas colônias (o censo de 1785 enumerava apenas vinte e cinco mil deles entre quase quatro milhões de pessoas no país recém-independente), essa minoria viveu sob restrições legais que, mesmo em Maryland, onde os católicos eram mais numerosos, proibiam a católicos adultos o voto e o direito de manterem escolas para a instrução de seus filhos em sua religião. Apenas na Pensilvânia colonial, sob governo quacre*, não havia legislação proibitiva ou qualquer tensão entre os católicos e

---

* Quacre (*quaker*), termo que designa o membro da Sociedade dos Amigos, grupo cristão informal que se opõe radicalmente a qualquer forma de luta ou violência. (N. do T.)

outras seitas, exceto durante a guerra entre Inglaterra e França. As leis e códigos coloniais, sermões, livros, almanaques e tratados de todas as denominações protestantes apresentavam a Igreja de Roma como o inimigo comum do cristianismo protestante. Em poucas palavras, nos séculos XVII e XVIII, as hostilidades oficiais à Igreja Católica, que a tornaram a mais odiada fé cristã na velha Inglaterra, foram exportadas para suas colônias americanas, onde foram cultivadas com não menos atenção do que em casa.

A despeito da legislação penal anticatólica do século XVIII na Inglaterra e em suas colônias americanas, as charges e caricaturas como instrumentos domésticos do anticatolicismo americano foram produtos do século XIX. Os assentamentos ingleses pioneiros na América apenas esporadicamente podiam manter as atividadese especializadas de artistas e artesãos necessários para produzir e reproduzir impressos e charges. As que sobreviveram aos tempos coloniais e revolucionários, como a desmembrada cobra-símbolo "União ou Morte", de Benjamin Franklin, no cabeçalho de seu jornal, ou uma cena do "Massacre de Boston", talhada por Paul Revere, foram inspiradas em eventos de amplo significado público e apoiadas por intensa adesão política. Pois apenas o ativismo político poderia ocasionalmente manter os serviços de um caricaturista americano de meio período.

Graças à falta de emprego regular de caricaturistas, o trabalho feito nas colônias americanas caiu abaixo da qualidade do trabalho então mais bem produzido na Inglaterra e no continente europeu. A sátira social, que floresceu na Londres metropolitana, não teve mercado nas colônias.

Obviamente, alguns impressos ingleses e europeus, numa variedade de assuntos políticos, humorísticos e satíricos, foram importados e vendidos nas grandes cidades das colônias.

Fig. 1. Neste impresso inglês de 1829, peticionários irlandeses armados são liderados por Daniel O'Connell, campeão da Emancipação Católica, em direção a Londres e ao Parlamento. Brandindo clavas, adagas e bastões (apesar da bem conhecida defesa de protestos pacíficos por parte de O'Connell), eles avançam com o dragão da perseguição católica acorrentado, prometendo à besta soltá-la contra os hereges protestantes tão logo lhes sejam concedidos direitos iguais. Este impresso e charge similares, com seus balões de fala com sotaque irlandês, serviram de modelos às geralmente inferiores - no aspecto técnico - caricaturas americanas produzidas por David Claypoole Johnson (por vezes chamado de "Cruikshank* americano"), H. R. Robinson e outros.

Essa situação mudou drasticamente na década de 1820, com a introdução da litografia comercial. Ilustrações e charges agora podiam ser feitas com menor custo e maior simplicidade. O processo então recentemente importado, inventado por volta de 1798 pelo austríaco Senefelder, liberou (entre 1828 e 1836) uma enxurrada de charges políticas, bem a tempo das campanhas eleitorais que por duas vezes levaram Andrew Jackson à Casa Branca. Outrossim, a chegada de grandes contingentes de imigrantes católicos - estimando-se 1,07 milhão entre 1790 e 1850 - logo transformou completamente o caráter do catolicismo nativo e fez da Igre-

---

*Cruikshank, famosa família de caricaturistas britânicos. (N. do T.)

ja Católica a igreja dos "nascidos fora", particularmente os irlandeses, que chegaram em número ainda maior durante as décadas de 1820, 1830 e 1840. O velho preconceito anticatólico, nutrido pelas más condições dos negócios e uma redução do mercado de trabalho, intensificadas pela competição dos nascidos fora, levaram à formação, em 1842, da Associação Protetora Americana. Os imigrantes católicos eram vistos como uma ameaça às instituições americanas e à moralidade protestante; as diferenças sociais alimentavam as já latentes aversões religiosas. Na década de 1850, a oposição aos imigrantes católicos culminou na criação do Partido Americano ou Nada-se-Sabe* e cujo candidato a presidente, Millard Fillmore, recebeu vinte e cinco por cento dos votos na eleição presidencial de 1856.

Foi na ascensão das litografias politicamente inspiradas, nos tempos de Jackson, que encontramos as primeiras caricaturas nativas que representam um padre católico irlandês como um símbolo do voto dos católicos irlandeses.

Fig. 2. Uma litografia preto-e-branco de 1837, produzida e impressa por H. R. Robinson, de Nova York. O presidente Jackson, na forma de um burro, está estirado, coberto por uma edição do *The Globe*, jornal pró-Jackson que durou apenas um mês. Um gordo padre católico recita os últimos ritos. A raposa, representando Martin Van Buren, secretário de Estado do presidente Jackson e vencedor da eleição presidencial de 1837, está acorrentada ao pé de Jackson e sua cauda aprisionada pelo "engodo whig"*. O padre se dirige ao demônio, que ri do alto de uma nuvem,

---

*Partido Americano ou Nada-se-Sabe (*American or Know-Nothing Party*), partido cujo objetivo era manter o poder em mãos de nativos americanos. (N. do T.)
*Whig, partido político americano extinto no século XIX. (N. do T.)

implorando-lhe em seu sotaque irlandês para deixar "a alma deste vosso velho servo [...] passar facilmente pelo purgatório" e implorando pela continuação dos favores de Satanás "a esta pobre raposa, e dai-lhe uma oportunidade de escapar de sua situação miserável". A charge representava o sentimento *whig*, particularmente as visões de Henry Clay (1777-1852), político *whig* da Virgínia, que, após ser derrotado em duas campanhas presidenciais por Jackson, ditou a política *whig* por vinte anos como senador do Kentucky. O antagonismo anticatólico de Clay tinha a reciprocidade dos imigrantes irlandeses. Sua derrota na eleição de 1884 foi largamente atribuída ao sólido apoio dos imigrantes a seu oponente democrata James K. Polk, décimo primeiro presidente dos Estados Unidos da América (1845-1849).

A exemplo de toda caricatura do século XIX e detalhes que, via de regra, não possuem significados ao leitor de hoje, o observador do século XIX aparentemente não se atém ao esforço considerável que se requer para decifrar cada alusão. A sua era uma época de poucos livros e jornais. As linhas simplificadas e as composições ordenadas das charges ou caricaturas humorísticas editoriais de hoje, para serem compreendidas prontamente, às vezes num vislumbre, são em grande parte produtos da aurora do século XX.

Fig. 3. Pouco após a Guerra Civil, os sentimentos anticatólicos voltaram a crescer nos Estados Unidos. Aqui, Paddy*,todo mandíbulas e nenhum cérebro, com seu bastão metido embaixo do braço, cachimbo de barro na boca enorme, garrafa de rum fazendo volume em seu bolso traseiro, é mostrado numa charge de Thomas Nast, que o desenhou com insuperável veneno para o *Harper's Weekly* na década de 1870.

As feições, gestos, armas e roupas estereotipadas deste irlandês violento e de cara simiesca foram montadas gradualmente durante o primeiro e o segundo quartos do século XIX por vários chargistas dos dois lados do Atlântico. Na Inglaterra, havia James Gillray, um dos pais descobridores da caricatura política moderna; Sir John Tenniel, chargista-sênior do semanário humorístico *Punch*, lançado em 1841; e, nos Estados Unidos, Thomas Nast e Joseph Keppler.

Intitulada "Matando o Ganso que Botou o Ovo de Ouro", a charge representa Pat como símbolo dos democratas irlandeses da Tammany Hall. Repartindo sua frustração com um padre, que representa os aliados clérigos dos políticos; ambos perplexos com a derrota nas urnas da eleição de novembro de 1871.

O anticatolicismo inflexível de Nast tinha raízes em sua educação protestante, seu liberalismo anticlerical, a radical aversão republicana ao Partido Democrata fortemente irlandês dos dias pós-Guerra Civil, seu ódio à máquina de Nova York e, acima de tudo, seu temor real da Igreja Católica como uma ameaça à república, particularmente a separação entre Igreja e Estado.

*Paddy, diminutivo de Pat. (N. do T.)

Fig. 4. 5. A inventividade de Nast em criar variações deste tema revela tanto sua versatilidade artística quanto a profundidade de sua antipatia. Duas outras charges de sua autoria podem servir como prova. A primeira era um comentário aos esforços dos católicos romanos para atrair os negros recém-libertados à sua Igreja. O arcebispo inglês Manning aparece acenando a uma família sulista negra ao mesmo tempo que oculta às costas os grilhões da "escravidão sacerdotal". Seus esforços missionários, explicava o editor, chegavam demasiado tarde. "A escola comum tem a vantagem da propaganda", e "a inteligente população de cor do sul" concordaria com os sentimentos de Nast nesta charge, assegurava ele. A segunda charge mostra a Srta. Colúmbia e a Srta. Britânia como professoras primárias comentando entre si o comportamento deplorável do jovem Pat.

Fig. 6. A exemplo de Joseph Keppler, que fundou *Puck* como um semanário humorístico em 1876 e desenhou muitas de suas notáveis charges, o anticatolicismo de Nast era, via de regra, proveniente de tensões protestantes - católicos sobre questões escolares, principalmente a relação da Igreja com a educação pública comum. Talvez seu melhor trabalho sobre esse tema seja "O Rio Ganges Americano", publicado pelo *Harper's Weekly* em 1871. Os políticos da Tammany Hall, alvos principais da pena de Nast naquele ano, são aqui vistos a sacrificar escolares, representando vários grupos étnicos e raciais, à ameaça invasora dos católicos romanos, enquanto seus professores são arrastados à força. Ao fundo, "a Escola Política Católica Romana" defende a sede da Tammany Hall com bandeiras decoradas com os emblemas do papado e da Irlanda.

Um editorial que a acompanhava implorava a "todos os protestantes e católicos liberais" a se oporem ao controle católico-irlandês e eliminarem a ameaça à escola livre e às livres instituições, "por muitos anos o objetivo constante da divisão extrema da Igreja Romana [...] os jesuítas [...] e seus [...] instrumentos, os católicos irlandeses que governaram Nova York".

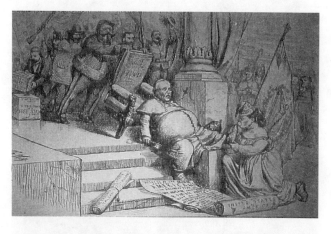

Fig. 7. Nosso último exemplo da caricatura anticatólica de Nast foi a intitulada "América (?) Simpatiza com o Papa". Datando do período da ocupação de Roma por Vítor Emanuel, em 1871, foi acompanhada pelo costumeiro comentário editorial atacando o apoio tácito de políticos americanos à posição da hierarquia americana no conflito entre forças seculares e a Igreja na Itália.

Fig. 8. 9. 10. 11.
Toda essa série de charges foi publicada em *Puck*, um semanário humorístico fundado em 1876 pelo alemão de nascimento Joseph Keppler, que deu continuidade à tradição da caricatura anticatólica de Nast. Após a morte de Keppler, em 1894, seu filho Udo levou o trabalho paterno adiante. As duas últimas imagens aqui reproduzidas são da prancheta do jovem Keppler e são típicas do trabalho mais aberto e menos detalhado associado à maior parte da caricatura do século XX.

"A Fazenda Papal", de 1879, representa a metade de uma charge de página dupla que satiriza "a loucura da colonização religiosa". A segunda metade, não reproduzida aqui, ironizava as tentativas de alguns judeus americanos filantropos de dispersar seus co-irmãos russos recém-chegados e estabelecê-los em colônias rurais. O editor de *Puck* fazia objeções a colônias judaicas e católicas no oeste como não-americanas, e escrevia preferir cidades mistas a assentamentos exclusivos de judeus ou católicos. A charge era uma resposta aos esforços de alguns bispos para quebrar as concentrações urbanas de irlandeses e encorajar seu assentamento rural. Essas colônias, na maior parte, indiferentemente judaicas ou católicas, não obtiveram sucesso e desapareceram com o tempo.

"Uma Aliança de Negócios" (1887) ilustra os *bete noir* da era dourada, o trabalhador agitador e sindicalistas, em colaboração com a Igreja. A ascensão do radicalismo irlandês-americano realmente criou sérias tensões dentro da Igreja Católica, com clérigos geralmente desanimados pela adesão de irlandeses a sociedade secretas como os Cavaleiros do Trabalho e a Clanna Gael, e por sua defesa de opinião social não aprovada pela Igreja.

As charges "O Ataque à Casa de Proteção" e "Isto É o que a Declaração de Liberdade de Culto Significa", de Keppler, atacavam um projeto de lei apresentado ao Legislativo do Estado de Nova York em 1885, que permitiria aos padres católicos visitarem prisões e um serviço de detenção de delinquentes juvenis conhecido como "A Casa de Proteção".

Fig. 12. *Puck* ocasionalmente ironizou os temores de outros editores ao domínio católico-irlandês no governo municipal. A efetiva cruzada de Thomas Nast e do *Harper's Weekly*, em 1870-1871, contra o corrupto círculo da Tammany Hall, liderada por William M. Tweed, foi apoiada pelo *Herald* de Nova York, de James Gordon Bennett. A charge de James A. Wales pretende mostrar como Bennett, um mestre na criação de vinhetas, cabeçalhos e traços sensacionais, ilustrava a conquista final de Nova York pelos irlandeses e seus aliados eclesiásticos.

Fig. 13. 14.

As duas últimas charges datam do início da década de 1890, quando a secreta Associação Protetora Americana (APA) mobilizava um milhão de membros e, por um breve período, controlou o equilíbrio do poder em muitas questões eleitorais regionais.

"O Papa Americano" (setembro, 1894) mostrava o arcebispo Francis Satolli, que em 1892 representara a Igreja na abertura da Feira Mundial de Chicago e que no ano seguinte, já nos EUA, foi designado núncio apostólico, numa época em que a Igreja se encontrava sob ataque. Quando fixou residência em Washington, D. C., *Puck* declarava avistar todos os seus temores realizados: "Nós temos um papa, e é ainda mais impossível do que nunca um homem ser um bom católico e um bom americano".

Alguns chargistas encontraram novos alvos nos "novos" imigrantes vindos da Europa Ocidental e Oriental, que eles representavam como ainda mais alienígenas e, portanto, mais ameaçadores aos valores e padrões americanos do que os católicos irlandeses e alemães que foram vítimas de sátiras gráficas mais antigas. Os editores de revistas se tornaram cada vez mais dependentes das renovações de anúncios centralizados em agências de publicidade independentes. Pensava-se duas vezes antes de se ofender os leitores católicos, muitos dos quais agora eram membros dos grupos consumidores de classe média, cortejados pelos grandes anunciantes.

Os semanários humorísticos e suas charges também mudaram ante as pressões de competições das novas mídias e tecnologias: as tiras cômicas que proliferavam nos jornais diários e dominicais, as seções de ilustrações em rotogravura, os primeiros filmes e, posteriormente, o rádio. Homens que desenharam charges em revistas coroadas com figuras cuidadosamente detalhadas, simbolismo e imagens elaboradas, que aprenderam seu ofício sob Keppler e Nast, foram atraídos pelos salários mais altos pagos pelas cadeias de jornais, para as quais desenhavam "tiras" simplificadas, de entretenimento leve, ao invés das charges que foram, via de regra, armas e ferramentas de protesto em controvérsias políticas e religiosas. Sem dúvidas, houve uma avalancha de charges de ódio à Alemanha após a entrada dos Estados Unidos na Primeira Guerra Mundial, mas estes ridicularizaram os cáisers* e os teuto-america-

---

* Cáiser (*Kaiser*), imperador alemão, título derivado do latim *caesar* e cargo extinto em 1918, com a instalação da República de Weimar. (N. do T.)

nos, não o monstro papal do nativismo do século XIX.

Evidentemente, as caricaturas anticatólicas não desapareceram inteiramente. A socialista *Masses*, fundada em 1911 e suprimida pelo governo em 1918, ocasionalmente imprimia charges para satirizar a religiosidade acrítica dos trabalhadores católicos ou os clérigos romanos que apoiavam um governo mexicano corrupto. Quando Alfred Smith disputou a presidência em 1928, circularam charges que o mostravam beijando os pés do papa. Mas isso já não era a sátira direta e aberta contra o poder papal, tipicamente encontrada no *Harper's Weekly* e em *Puck*, mantida pelos talentos cosmopolitas e muito reais de um Nast ou de um Keppler. A sátira gráfica anticatólica americana no século XX foi geralmente mais furtiva, mais reservada – e artisticamente inferior – do que sua expressão do século XIX. As charges antiirlandesas e antiromanas do século passado eram produtos da cidade, de artesãos e artistas treinados no serviço de um jornalismo politicamente orientado para um leitor de classe média em expansão.

Os impressos anticatólicos deste século geralmente refletem a mentalidade e o sabor das cidades pequenas e regiões rurais das quais o nativismo do século XX, particularmente o anticatolicismo da revivida Ku Klux Klan, derivou sua força principal. Talvez isso seja um julgamento unilateral: a arte – enquanto propaganda – e a caricatura anticatólica que foi, reconheça-se, primariamente propaganda, deve ser avaliada em termos de seu público imediato como também pelos cânones das belas-artes. Desse ponto de vista, as charges do século XIX fornecidas pelo reverendo Brandford Clarke para ilustrar *The Ku Klux Klan in Prophesy* (1925), um livro de fulminações anticatólicas, escrito pelo "bispo" Alma Birdwell White, de New Jersey, pregador bem conhecido localmente e fundador dos Institutos Bíblicos, combinaram com sucesso o estilo alegórico-amontoado da sátira gráfica da Reforma anticatólica com a mensagem simplificada e ingênua das modernas charges em tablóides.

Uns poucos símbolos novos: os Cavaleiros de Colombo como o "braço militar" da Igreja; a Cruz Ardente; o exército dos sóbrios e encapuçados homens da Klan, defensores das virtudes branco-protestantes americanas, foram adicionados àqueles velhos cavalos de batalha da caricatura anti-romana – a escolinha ameaçada, a Bíblia (Protestante) Sagrada, a bandeira. A "mãe-rameira" ainda cavalgava com a tiara papal, as grandes garras do papa ainda ameaçavam o Capitólio*, a Tammany Hall ainda ditava regras e corrompia. Um tema novo, que breve suplantará o anticatolicismo como o objetivo dominante da intolerância religiosa no século XX, começa a aparecer tanto nas charges da Klu Klux Klan quanto em sua retórica inflamada:

Pensar em nossos amigos hebreus com seus milhões em ouro e prata, colaborando com o papa em suas aspirações à supremacia mundial, está quase além do alcance da mente humana. Mas há plena evidência de que é verdade [...].

---

* Capitólio (*Capitol*), edifício-sede do Congresso dos EUA, em Washington. (N. do T.)

4. DOS BARRACOS AOS PALACETES: A IMAGEM IRLANDESA EM "PUCK", 1876-1910

Estudantes de teatro, folhetim e romance sabem que, virtualmente, toda minoria tem sido representada por algum estereótipo tanto na imprensa quanto no palco. Os cientistas sociais geralmente consideram os estereótipos como componentes de crenças preconceituosas acompanhadas por fortes reações não questionadas de desagrado ou aprovação. Historiadores e especialistas em literatura não equiparam estereótipos a preconceitos. Ao contrário, enfatizam a origem dos estereótipos como classificações rotineiras, cruas ou menos simplistas de situações e condições multifacetadas.

Historiadores, estudiosos de literatura e cientistas sociais concordam, entretanto, que para a compreensão de vários estereótipos é útil conhecer-se suas origens, desenvolvimentos e transformações. Este estudo mostra o que aconteceu com toda uma coleção de estereótipos – as caricaturas gráficas dos irlandeses – em *Puck*, um popular semanário humorístico americano da era dourada. Na década de 1890, *Puck* alcançou a então respeitável tiragem de cerca de noventa mil exemplares, até sua circulação entrar em declínio na primeira década do século, quando seu formato original foi alterado por novos proprietários.

Puck, que se auto-intitulava um "jornal de júbilo e graça" especializado em sátira e humor político, começou a circular na cidade de Nova York, em 1876, numa edição em língua alemã. Era uma concepção de Joseph Keppler, um imigrante austríaco que chegou a Nova York em 1872, proveniente de St. Louis, onde, por um breve período, publicara dois outros semanários satíricos teutófonos, um dos quais também denominado *Puck*.

Em Nova York, Keppler foi trabalhar para o *Leslie's Illustrated Newspaper*, onde conheceu Adolph Schwarzmann, chefe da gráfica do *Leslie's*, a quem se uniu para fundar a firma Keppler & Schwarzmann, em 1876. Com Sydney Rosenfeld, um dramaturgo popular da época, como editor, publicaram no mesmo ano a primeira edição teutófona, do *Puck*, acrescentando um ano depois uma edição em língua inglesa.

Antes do lançamento de *Puck* em Nova York, nenhum periódico humorístico americano durara a ponto de alcançar sua marca. *Puck* logo conquistou o mercado e em poucos anos era imitado, o que é sempre um sinal de influência e maturidade financeira na imprensa. Em 1881, aparecia *Judge* em formato similar. Em 1883, *Life* era lançada como concorrente especializada nas fraquezas da alta sociedade, e na década de 1890 havia *Yiddisher Puck*, menos elaborada e de vida curta. As arrojadas charges coloridas de *Puck*, a mancha central de cada edição que media entre cinqüenta e trinta e três centímetros, o tamanho aberto de uma edição dominical contemporânea da *New York Times Magazine*, mostraram-se bastante efetivas numa época em que o colorido era desconhecido em jornais e revistas. Quase toda a arte era produzida por Joseph Keppler, o versátil fundador e desenhista-chefe de *Puck*. À medida que o semanário se tornava famoso por sua forte caricatura política, começaram-se a incluir trabalhos de James A. Wales, Bernard Gillam e Frederick Burr Opper, um dos pais dos quadrinhos domingueiros. Após a morte de Keppler em 1894, seu filho Joseph Jr., também chargista talentoso, continuou a desenhar para *Puck*. Os acionistas originais venderam seus direitos sobre *Puck* em 1913. A partir daí, a revista trocou de mãos por diversas vezes até parar de circular em 1918, sob o comando de William Randolph Hearst, que conservou o título para as caricaturas dominicais de seu *New York Journal and American*[1].

Os alvos da sátira e humor de *Puck* incluíam maçonaria, voto feminino, divórcio, inflação, socialismo, anarquismo, alimentos adulterados, sacerdotes antievolucionistas, os pontos fracos das modas e manias da época. Em seus dez primeiros anos de publicação, seu alvo preferido eram a sede da Tammany Hall e políticos como James G. Blaine, cujas aspirações presidenciais eram, sem

---

1. Frank L. Mott, *A History of American Maganizes,* Cambridge, Mass., 1938, III, Supplement, *Puck* and *Judge*.

dúvidas, feridas pelas séries de charges de "homem marcado" por *Puck*, dirigidas contra ele. Apesar disso, sua postura política mais freqüente era democrata. As reformas que defendia com mais ardor eram tarifas mais baixas, ampliação dos serviços públicos e punição dos abusos eleitorais[2].

Não era um veículo sutil: algumas de suas piadas eram ofensivas até para os padrões da grosseria. Insistia em rumores e fofocas escandalosas sobre Henry Ward Beecher e outros pregadores populares. Atacava Comstockery e abstêmios que se confessavam chocados pelos versos de Walt Whitman. Pró-trabalhadores mas anti-sindicatos, seus preconceitos anti-sindicalistas foram talvez reforçados pelos incômodos causados pelas diversas greves de 1877, 1885, 1886 e 1892-1894. Em suas colunas proliferavam piadas sobre fazendeiros e tipos regionais, agiotas judeus, negociantes de roupas e *nouveau-riche**; operários e ladrões de galinhas negros e ladrões de melancias; políticos irlandeses, agitadores nacionalistas, empregados domésticos e trabalhadores.

Seus tipos irlandeses eram na maioria ignorantes e trabalhadores de serviço pesado, dados a bebidas e excessos emocionais, simpatizantes de brigas, não dispensando uma mentirinha ou pequenos furtos. Paddy e Bridget, esses irlandeses de baixa classe social, eram o produto principal

---

2. L. Draper Hill, *"What Fools These Mortals Be"*. *A Study of the Work of Joseph Keppler, Founder of Puck*, Harvard Honors History Thesis, Cambridge, 1957. Hill corrigiu alguns erros nos originais deste ensaio, permitindo-me ler e citar sua inédita *History Honors Thesis*, além de emprestar peças de sua coleção. É uma satisfação poder agradecer-lhe por suas repetidas cortesias.

* *Nouveau-riche* (novos-ricos), em francês no original. (N. do T.)

das piadas e charges irlandesas de *Puck*. Em 1888, uma seleção representativa foi reunida na décima terceira edição de *Puck's Library*, edições especiais dedicadas a tópicos com o "Sassiety"*, "Hayseed Hits"**, "Nossos Camaradas Cidadãos Estrangeiros", "Brudder Shinbone"***, e, neste exemplo, "Socorro" ou "As Melhores Coisas de *Puck* sobre a Grande Empregadinha Americana".

Como Rainha da Cozinha, essa última figura aparecia em variações infinitas sobre o tema da empregadinha engraçadinha, confusa, trabalhadora e imprevisível. Incorrigivelmente católica, geralmente enganada por intrigantes e egoístas defensores da Regra Doméstica Irlandesa, independência e poder político "verde", ela comanda a família de seus empregadores, camaradas domésticas e vários "puxa-sacos" que freqüentam sua cozinha atrás de generosos e irregulares favores. Seus parentes e conhecidos também são empregados domésticos, trabalhadores braçais, jardineiros e serventes de pedreiros, policiais e leões-de-chácara, muitos dos quais habitavam cabanas ocupadas ilegalmente, apinhadas de crianças, cavalos, porcos, cabras e galinhas, e precariamente penduradas nas colinas do Central Park, superpovoadas por renegados.

Em frente a essas choças caindo aos pedaços, encontra-se o homem hibérnico****, com cachimbo de barro pendurado numa bocarra simiesca e de queixo protuberante. Bancando o importante,

---

* *Sassiety*, trocadilho com a pronúncia irlandesa para *society* (sociedade). (N. do T.)

** *Hayseed Hits, Sucessos Caipiras*. (N. do T.)

*** *Brudder Shinbone*, trocadilho com a pronúncia irlandesa para *brother shinbone* (N. do T.)

**** Hibérnico, irlandês. (N. do T.)

apesar de sua aparência suja e desanimadora, ele está sempre pronto para uma boa briguinha, eternamente hostil à Grã-Bretanha; pronto a gastar os suados dólares ganhos por ele e Bridget, no sustento de parentes vadios ou para viabilizar irracionais esquemas para assassinar latifundiários, auxiliando compatriotas piromaníacos na Ilha Esmeralda* ou nos Estados Unidos.

O chapéu puído de Pat sempre ostenta o trevo, emblema irlandês. Seus entretenimentos são os velórios regados a bebidas alcoólicas e a parada do dia de São Patrício, sempre terminando em alegres disputas ao cair do forte sereno irlandês sobre seu cérebro inconstante. "A marcha das hordas no dia de São Patrício", informava *Puck* a seus leitores em sua série "História da Oirlanda"**, de 1879, "é típica do povo oirlandês."

Numa segunda categoria, encontrada freqüentemente durante a primeira década da história de *Puck*, estavam os desordeiros irlandeses e os perigosos e atrevidos agitadores irlandeses ou fanáticos fenianos***. Há três tipos de irlandeses, um coronel Blather O'Blunderbuss confidenciava a *Puck* numa peça sério-cômica, denominada "O Grande Movimento Feniano", em maio de 1878. Os primeiros, miseráveis, "entopem as estradas e esmolam – e blasfemam". Os segundos, abonados, "vivem em casa, satisfeitos e radiantes". Os terceiros, empreendedores, "emigram aos quatro contos do mundo, e, na falta de outra capital, es-

---

* Ilha Esmeralda, a Irlanda. (N. do T.)

** Oirlanda, trocadilho com a pronúncia irlandesa para *Irlanda*. (N. do T.)

*** Feniano, membro de uma associação revolucionária irlandesa fundada em 1861 com o fim de separar a Irlanda da Grã-Bretanha. (N. do T.)

peculam sobre os Males da Irlanda" e, enquanto organizadores, vivem do espírito abnegado, generoso e dedicado da estúpida empregadinha irlandesa e do fiel operário irlandês.

Joseph Keppler, em especial, tinha uma inclinação a representar os irlandeses como agitadores e a incluir padres irlandeses como símbolos do poder de voto irlandês em suas freqüentes charges anticatólicas. Uma de suas capas que apresentava irlandeses (agosto de 1877) recordava aos leitores de *Puck* que catorze anos antes os irlandeses de Nova York saquearam casas de negros, destruíram seus orfanatos e lincharam, mutilaram e atormentaram muitos mais durante os tumultos de 1863.

Outros motivos irlandeses nas charges de página inteira de *Puck*, de seu lançamento até os últimos anos da década de 1880, incluíam o padre Edward McGlynn, partidário das reformas econômico-sociais de Henry George*; Denis Kearney, líder fanático do Partido dos Trabalhadores Antichineses da Califórnia; O'Donovan Rossa, orador militante e administrador irresponsável do Fundo Skirmishing, acusado de apoiar ações terroristas contra a Grã-Bretanha; John Kelly, ex-membro do Congresso e líder da Tammany Hall; Patrick Ford, editor nacionalista do *Irish World* de Nova York; e Charles Stewart Parnell e seus defensores dos princípios da autonomia.

Os ataques irlandeses à supremacia britânica na Irlanda pareciam aos editores de *Puck* uma

---

* Henry George, economista e jornalista norte-americano que defendia a criação de um imposto único que incidiria sobre a terra improdutiva. (N. do T.)

demonstração da "sublime confiança na completa ignorância", vista como "típica da natureza irlandesa". Se Pat esquecesse a independência e fosse trabalhar, avisava *Puck*, em breve se tornaria próspero e feliz[3].

Fiel a seu compromisso de demonstrar sem medo ou favor "[...] quão tolos são esses mortais", *Puck* prontamente caçoou daqueles americano-irlandeses que aparentemente levaram a sério esse aviso e dele se beneficiaram. Às domésticas e operários irlandeses, políticos ardilosos e agitadores indóceis (que até então predominaram na cena urbana irlandesa) os chargistas de *Puck*, no final da década de 1880 e no início da de 1890, acrescentaram o empreiteiro esforçado e socialmente ambicioso, e outros tipos de novos-ricos irlandês-americanos.

A charge de página dupla "O Albergue do Tio Sam", de Joseph Keppler, era a perfeita interpretação visual dum aspecto da avaliação de *Puck* sobre os americano-irlandeses desde o início da revista em 1876 até cerca de 1894. A representação klepperiana do irlandês como o elemento mais indócil da nação refletia um então comum ressentimento americano contra os ânimos inflamados de certos irlandeses e os "sinais de rebeldia" manifestados por alguns de seus líderes. Esta reação, apontou o professor Thomas N. Brown em seu excelente relato do nacionalismo irlandês-americano, era comparável à da classe média branca reacionária contra a militância negra americana da década de 1960[4]. Ademais, um estudo recente da

3. *Puck*, 11 de maio de 1887.
4. Thomas N. Brown, *Irish-American Nationalism*, Filadélfia, PA, 1966, p. 46.

hostilidade aos irlandeses na Inglaterra e na América vitorianas permite-nos localizar um passo adiante a necessariamente inexata (mas ainda assim espantosa) analogia entre as reações estereotipadas americanas contra irlandeses e negros. Em seu estudo do preconceito antiirlandês na Inglaterra do século XIX, *Anglo-Saxons and Celts*, o professor L. P. Curtis, Jr. apontava que à exceção da castidade ferozmente defendida por Bridget e uma ou duas características não comumente atribuídas aos irlandeses, a maioria das crenças estereotipadas abaixo, amplamente mantidas pelos brancos em relação aos negros nos últimos trinta anos, foram aplicadas durante o século XIX aos celtas, tanto em casa quanto nos Estados Unidos[5]. Das dezoito características atribuídas aos negros, conforme estudos feitos por brancos na década de 1930, a maioria era também vista pelos editores e colaboradores de *Puck* como qualidades tipicamente *irlandesas*[6].

1. mentalidade inferior
2. moralidade primitiva
3. instabilidade emocional
4. arrogância elevada
5. preguiçoso e barulhento
6. fanatismo religioso
7. gosto pelo jogo
8. vestuário pomposo
9. apego a ancestrais antropóides
10. dado a crimes violentos
11. suscetível ao suborno de políticos
12. alto índice de natalidade
13. profissionalmente instável
14. supersticioso
15. preguiçoso
16. ao-deus-dará
17. ignorante
18. musical

Algum tempo depois de 1894, os sinais de condenação de *Puck* em relação aos irlandeses pa-

---

5. L. P. Curtis, Jr. *Anglo-Saxon and Celts*, New York, NY, 1968.

6. Gordon W. Alport, *The Nature of Prejudice*, Garden City, NY, 1958, p. 192.

"O Albergue do Tio Sam", Joseph Keppler, *Puck*, 7 de junho de 1882. Esta charge é típica das composições recheadas de Keppler. Os tijolos atirados pelos irlandeses chamam a atenção à exigência de que o ministro americano, James Russell Lowell, seja chamado de Londres e substituído por um representante americano-irlandês com quem, insinua *Puck*, poder-se-ia contar para defender os irlandês-americanos nas cortes britânicas, o que Lowell se recusa a fazer após as mesmas cortes acusarem irlandês-americanos de várias ofensas à lei britânica.

"O Quiproquó no Congresso, Puck", 4 de janeiro de 1885. Esta charge Bernard Gillam, de origem inglesa, representa o Voto Irlandês como uma criatura simiesca. Patrick Ford, editor do *Irish World* de Nova York, direciona os esforços de seus subordinados, que puxam a corda para inflar o fole da Demagogia. Vários congressistas oferecem projetos de lei expressando apoio às aspirações nacionalistas irlandesas ao mostrar simpatia pelos fenianos, denunciar a Inglaterra e destruir a legislação que propunha restringir a produção de dinamite.

"Olhando para Trás", Joseph Keppler, *Puck*, 11 de janeiro de 1893. "Eles querem proibir aos recém-chegados a ponte pela qual eles e os seus chegaram". A ilustração original da qual se fez esta fotografia apareceu na edição teutófona de *Puck*. Tanto a edição anglófona quanto a teutófona utilizavam as mesmas litografias, mas as legendas diferiam, a exemplo do conteúdo editorial. Uma comparação dos conteúdos das duas edições indubitavelmente proporcionaria dados úteis para engajar as influências alemãs e imigrantes nas práticas jornalísticas americanas nas décadas de 1880 e 1890.

"Como foram tolos esses ancestrais! Espíritos ancenstrais: Como estamos orgulhosos! Nunca imaginávamos, ao chegar à America, que adotaríamos uma descendência tão aristocrática!" *Puck*, 26 de setembro de 1894. Aqui, Opper caçoa da tendência dos americanos da década de 1890 em findar sociedades exclusivamente hereditárias e patrióticas, e em traçar descendência ligada a famílias européias nobres. O impulso era, obviamente, relacionado ao desejo de "velhos" imigrantes de distinguir seu grupo dos "novos" imigrantes que já eram classificados por alguns defensores americanos de restrições imigratórias como menos desejáveis. Portanto, a linha dos espíritos ancestrais no alto da ilustração é formada por aqueles geralmente tidos como componentes da "velha" imigração: holandeses, irlandeses, ingleses, alemães, escoceses e outros.

reciam menos freqüentes. Mas os editoriais de *Puck* naquele ano, o período da mais elevada influência política da secreta e anticatólica Associação Protetora Americana, ainda desmentiam sua declarada imparcialidade na contenda entre a APA e a Igreja Católica. Quando o núncio apostólico Satolli chegou aos Estados Unidos, por exemplo, o editor publicou que os atos de Satolli confirmavam os piores temores de *Puck*: "Nós temos um papa, e é ainda mais impossível do que nunca um homem ser um bom católico e um bom americano".

Contudo, em poucos anos a crítica aos irlandeses declinou sensivelmente, ainda que o mesmo não tenha acontecido em relação à Igreja Católica. A morte de Keppler em 1894 e o declínio do sentimento anticatólico e antiirlandês em geral provavelmente influenciaram essa mudança de atitude. Keppler, embora nascido de pais católicos, em toda a sua carreira fora um forte crítico da Igreja e atacara freqüentemente o papado e a Igreja como antiamericanos, medievais e antidemocráticos. A exemplo de Thomas Nast, cujas charges antiirlandesas e anticatólicas, feitas para o *Harper's Weekly*, Keppler conhecia bem, ele atacava os irlandeses por seu apoio à Igreja e pelo que ele e Nast sempre representavam como sua ameaça à escola pública e ao governo democrático e representativo.

Quaisquer que sejam as causas de seu declínio como objeto de sátira gráfica, o irlandês violento aparece apenas raramente após a virada do século, enquanto a empregada irlandesa e o operário irlandês continuam como matéria-prima do humor étnico de *Puck*.

Num editorial de 1881, por exemplo, *Puck* classificava os fanfarrões irlandeses como descontentes, preguiçosos, caloteiros, "que raramente faziam alguma coisa, mesmo neste país livre, para melhorar sua condição social". Úteis para a construção de ferrovias, abertura de canais e instalação de esgotos, "onde quer que tenham ultrapassado esse nível, foi apenas para administrar mal o governo de alguma cidade ou vilarejo caído em suas garras". Eles são preguiçosos e "carentes de ânimo" até para brigar, "exceto de emboscada", finalizou o editor Bunner, louvando o presidente Arthur por sua percepção de que os ingleses eram, afinal, "o (povo) mais próximo, e mais querido, de mãos mais limpas e mais confiáveis que a América já conhecera"[7].

No mesmo ano, segundo *Puck*, quatro "indústrias irlandesas" eram a manufatura de votos e máquinas infernais, a coleta de dinheiro para vadios, e o assassinato de proprietários de terras. Seis anos mais tarde, num editorial de 1887, *Puck* admitia que "nós ríamos dos irlandeses que vieram à América colher ouro nas ruas", mas que em comparação aos inferiores imigrantes russos e boêmios do final da década de 1880, dever-se-ia preferir os enérgicos irlandeses. Quando Pat "despertou de seu sonho", foi trabalhar e nunca se tornou um anarquista que atacasse trabalhadores honestos.

Em 1884, um "Dueto Patriótico Representado [...] no Último e Glorioso Aniversário do Nascimento de São Patrício" encerrava

We've got the power, we've got the min,
We've got the whiskey free,

7. *Puck*, 26 de outubro de 1881.

> We've got the Boss, begod, and this
> We've got the Trisury Key*.

Ainda em 1884, *Puck* representava São Patrício como um bispo católico com uma grande garrafa de uísque de centeio numa mão, cobras sob o pé, sua mitra malcolocada numa cara barbada e simiesca. Vinte anos depois, no dia de São Patrício em 1904, ele se tornava um duende esquisito, uma benévola criatura do tipo gnomo, ao invés do bêbado e dócil instrumento de um poder estrangeiro[8].

Por volta de 1894, mesmo uma sessão da Clanna Gael, nas mãos de Keppler geralmente associada a belicismo irlandês e absurdas agitações antibritânicas, era representada por Opper como o encontro de irmãos felizes, inofensivos e alcoólatras. Naturalmente, Bridget ainda comandava a cozinha e o sotaque característico permanecia, uma marca registrada do humor étnico irlandês-americano de *Puck* até bem após a virada do século XX. Mas o estereótipo perdera sua força à medida que "almofadinhas irlandeses" bem-vestidos e domésticas e cozinheiras irlandesas completamente urbanizadas dividem a página do semanário com os usuais peões-de-obra, cocheiros e simples trabalhadores que ainda fornecem o grosso dos tipos irlandeses de *Puck*.

O novo clima humorístico é inequívoco. Crianças irlandesas limpas, na escola de dança, e irlandês-americanos que requisitam admissão a

---

* "Nós temos a força, nós temos a *min*, nós temos o uísque grátis, nós temos o 'homem'; *begod*, e isto – nós temos a Chave do Tesouro." (N. do T.)

8. *Puck*, 16 de março de 1904.

associações patrióticas tradicionalmente reservadas para "velhos" americanos são caracteristicamente os novos alvos do humor gráfico de *Puck*. Assim são também os versos que não raramente dirigem apóstrofe a elegantes garotas irlandesas como "Maggie Moran" ou se sensibilizam com "Shanahan's Old Shebeen, or The Mornin's Mornin", de Gerald Brenan[9]. Os chargistas de *Puck*, muitos dos quais, liderados por Opper, estavam entre os primeiros a desenhar as tiras cômicas dos jornais diários que contribuíram para a morte definitiva de *Puck* e outros semanários cômicos, começaram a empregar um tratamento ainda pouco transigente mas basicamente amistoso para com os americano-irlandeses que hoje sobrevivem entre as gafes sociais de "Maggie e Jiggs".

É interessante notar que os traços básicos dos primeiros estereótipos irlandeses tenham alterado um pouco a intenção da imagem – as caricaturas ainda existiam, mas raramente eram individuais. Frederick Opper utilizou as características básicas do rosto estereotipado irlandês quase desde o início de sua carreira em *Puck* para ilustrar o temperamento e o caráter humorístico e até simpático dos irlandês-americanos. Quando sua versátil pena criou a série "Happy Hooligan", estava a caminho a transição do irlandês briguento e problemático da primeira década de *Puck* para a aprovação e até glorificação das qualidades de luta dos irlandeses. Era quase inevitável, portanto, que Opper fosse requisitado para fornecer as ilustrações para as séries ultrapopulares de Finley Peter Dunne, "Mr. Dooley", quando esses jornais de ensaios

9. *Puck*, 28 de fevereiro de 1912; 6 de setembro de 1905; 4 de dezembro de 1907.

humorísticos foram editados em forma de livro após 1898.

Uma vez que vivemos numa era que é natural e altamente sensível ao potencial negativo e até destrutivo do estereótipo étnico, a transformação e eventual declínio do estereótipo irlandês em *Puck* levanta questões sobre suas origens, seu relacionamento com a "realidade" e seu papel no ensino da história americana ou na criação de uma melhor compreensão entre diversos grupos étnicos[10].

Paddy, caracterizado como um tipo humorístico, emocionalmente instável, ignorante, sujo, supersticioso, infantil, meio civilizado, violento, vingativo e, por vezes, brincalhão e divertido, era "uma invenção da velha imaginação vitoriana"[11]. O termo Paddy retrocede no mínimo ao século XVIII. Há uma charge de Gillray, "Paddy a Cavalo", de 1779, que parece representar o registro mais antigo de seu uso, substituindo o outrora comum Teague. E no século XII, os relatórios de Giraldus Cambrensis ao rei Henrique II já se referiam aos "selvagens" ou bárbaros irlandeses. Caricaturas de Hogarth e Cruikshank incluem o peticionário, agitador e rufião celta armado com maça, adaga e lança.

O primeiro gênero a representar os irlandeses com rosto de subumanos "gorilas celtas" foram provavelmente as ilustrações de George Cruikshank para a *History of the Irish Rebellion in 1798*, de William H. Maxwell, publicada em Londres em

---

10. Walter Lippman, "Stereotypes", in Bernard Berelson & Morris Janowitz, *Reader in Public Opinion and Communication*, New York, NY, 1966, pp. 65-72.

11. Curtis, *op. cit.*, p. 52.

1845. Frederic George Stephens, forte partidário dos irlandeses, disse em seu *A Memoir of George Cruikshank* (1891), que essas gravuras

representam os nativos como selvagens tão completamente brutalizados e revoltantes em aspectos e ato que é de se admirar que nenhum celta irado, mais hibérnico, tenha resolvido a questão com o artista estourando-lhe os miolos com uma maça ou fuzilando-o de emboscada.

Essas feições simiescas e prognatas tornaram-se marcas registradas do irlandês estereotipado na segunda metade do século XIX. Na Inglaterra, Sir John Tenniel o representava para *Punch*. Nos Estados Unidos, ninguém superou Thomas Nast, chargista do *Harper's Weekly*, da Guerra Civil a meados da década de 1880, como criador do irlandês violento, com boca e mandíbulas salientes, nariz curvo e armado com bastões, garrafas de uísque e punhais. Esse "orangotango celta, todo mandíbulas e nenhum cérebro" – descrição de *Puck* para o brutalizado irlandês de Nast – também aparecia em *Puck* com maior freqüência nas charges de Keppler. Mas o irlandês cômico sobreviveu a ele, e a sua pugnacidade, despida da pecha de anti-social e sinistra, tornou-se aceita e até admirada enquanto valoroso e combativo espírito irlandês[12].

Em suma, não são tantas as qualidades atribuídas ao irlandês violento das caricaturas que tiveram importância, no final das contas, como a *interpretação* dessas características pelos chargistas e seus "leitores". O que importa é o significado dado aos estereótipos, se esses são vistos como

12. Morton Keller, *The Art and Politics of Thomas Nast*, New York, NY, 1968.

ameaçadores, inofensivos ou neutros. E os estereótipos irlandeses de *Puck* nos fazem recordar que tais significados se sujeitam a alterações e reinterpretações relativamente rápidas.

Por trás dos estereótipos irlandeses havia, evidentemente, um fundo de verdade, além da altamente selecionada imputação de traços, alguns baseados na imaginação e na malícia, como é típico a todos os estereótipos. O estereótipo *foi* uma leve reminiscência das lutas por vezes dolorosas dos irlandês-americanos em busca de trabalho e estabilidade, e de sua presença em massa nas ocupações de menor qualificação profissional, operárias ou domésticas. Muitos irlandeses eram leiteiros, jardineiros, carroceiros e pajens, cocheiros, e as mulheres estavam principalmente em funções domésticas. Eles gostavam de beber – mesmo hoje em dia o alcoolismo é o mal com maior incidência entre os descendentes dos irlandeses do que entre qualquer outro grupo de imigrantes europeus –, eram propensos a brigas e reinavam "sobre o mundo cão das cidades americanas"[13]. O nacionalismo inflamado e descontente, ainda que menos estridente do que os ânimos e precauções da oposição que lhes era organizada, tornou-se a referência especial para muitos americanos e foi prontamente registrado nas imagens estereotipadas de *Puck*.

Hoje é dificil "ler-se" os estereótipos dos irlandeses ou de outros grupos étnicos com a mesma interpretação de suas devidas épocas. No contexto dos tempos, o humor de *Puck*, embora cruel, não era demagógico ou atípico em relação ao que

---

13. Brown, *Irish-American Nationalism*, p. 45. William V. Shannon, *The American Irish*, New York, NY, 1963, *passim*.

se pode encontrar, de modo levemente refinado, nos jornais sóbrios e distintos da época, ou mesmo nos romances sérios. Ao contrário de hoje, o humor gráfico e seu papel em publicações como *Puck* foi, até a virada do século, menos afetado pela pressão de patrocinadores, por grupos antidifamações, por necessidade de se considerar os gostos e desgostos de uma audiência de massa, e por situações políticas complexas. Não é fácil identificar o "leitor-padrão" de *Puck*. Mas esse era provavelmente protestante branco, de classe média ou baixa classe média, de ancestrais *wasp** nativos ou, uma vez que havia uma edição teutófona de *Puck* até o final da década de 1890, uma primeira ou segunda geração teuto-americana.

Durante a era dourada e por algum tempo depois, caricaturas de negros, judeus, holandeses e irlandeses eram lugar-comum na imprensa e no palco. O estereótipo étnico se expressava num dialeto cômico e prontamente reconhecido, era grosseiro, ébrio ou imbecil. Raramente era uma pessoa com dignidade, a menos que, como Fitznoodle, o inglês vaidoso, monoculado e enfadonho – no estereótipo de *Puck*, carregasse seu autoconsciente ar de superioridade a extremos risíveis. De qualquer modo, essas imagens, em romances sombrios, no palco, em semanários cômicos e até mesmo em romances sérios eram, como apontou o professor Handlin, caricaturas do homem *real*. Uma das funções da caricatura era "enquadrar os indivíduos em grupos distintos"[14].

---

* *Wasp*, abreviação de *White Anglo-Saxon Protestant* (branco protestante anglo-saxão), modelo-padrão de raça adotado por grupos radicais como a Ku Klux Klan; coincidentemente, *wasp* é também o vocábulo anglófono para "vespa". (N. do T.)

14. Oscar Handlin, *Race and Nationality in American Life*, Garden City, NY, 1957, p. 72.

Evidentemente, essa sempre foi a função do estereótipo. E enquanto a caricatura étnica durante o século XIX era paternalista, não raro degradante, e por vezes claramente hostil, ainda não se tornara uma tentativa sistemática de negar a qualquer grupo então caricaturado uma humanidade comum. Infelizmente, em pouco tempo tais atestados foram feitos por homens educados e influentes. A invenção de uma base "científica" e hostil para negar o mérito e a igualdade a certos grupos, particularmente negros e "novos" imigrantes, acabou por nos tornar justificadamente precavidos de estereótipos étnicos cômicos, independentemente de sua intenção original[15].

Barbara Miller Solomon demonstrou que a ideologia racial dos adeptos da restrição imigratória, totalmente desenvolvida no período 1890-1914, construiu-se sobre estereótipos já existentes[16]. Uma vez que a imagem de *Puck* para o irlandês violento e estrangeiro enfraqueceu-se durante esse mesmo período, enquanto a do judeu inteligente, intrigante e avarento tornou-se mais destacada, suspeita-se de que o editor tenha tentado, consciente ou inconscientemente, equiparar a caricatura de *Puck* com as tendências menos tolerantes da época.

A verdade sobre os estereótipos, infelizmente, é que já não se pode vê-los em seu século XIX, além das conotações neutras sem esforços consideráveis da imaginação histórica. O tão real dano

---

15. Thomas F. Gossett, *Race, the History of an Idea in America*, New York, NY, 1965, p. 292.

16. Barbara Miller Solomon, "The Testing of Races: Stereotypes of the Foreign-Born", in *Ancestors and Immigrants*, capítulo VIII, Cambridge, Mass., 1957, pp. 152-75.

físico-psíquico, causado pelo vício ou por estereótipos étnicos impensados, não raro tem sido reforçado por imagens gráficas ao estilo das encontradas em *Puck*. Este breve estudo da imagem do irlandês em *Puck* na primeira década deste século pretende, portanto, resgatar alguns dos significados ligados a estereótipos mais antigos: lembrarnos de que eles brotaram da suposição de que as igualdades de oportunidades estavam disponíveis para todos; de que a superioridade de algumas raças e a inferioridade de outras eram biologicamente condicionadas; de que havia uma correlação entre a condição social de um homem e sua raça, nacionalidade e religião.

Hoje, homens e mulheres mais instruídos questionam a validade dessas idéias. Mas não se pode esquecer que tais suposições condicionaram e talvez continuem a condicionar nossa maneira de pensar. Talvez seja útil, também, lembrar que dificilmente qualquer grupo étnico ou religioso tenha, vez por outra, se livrado inteiramente do ridículo no passado. Ou especular, a qualquer preço, sobre a extensão a que o estereótipo gráfico, apoiando indiscriminadamente as intenções de ridicularizar aqueles que por vezes, ao chegarem aos Estados Unidos, precisavam de uma identidade cultural e de um senso de solidariedade étnica distintos, precipitou e intensificou o desenvolvimento de consciência etnonacional entre aqueles que se tornaram alvos das penas dos chargistas.

Há ainda algum consolo no conhecimento de que os agressivos estereótipos dos irlandeses, apenas recentemente emancipados nos Estados

Unidos, estarão quase completamente dissolvidos em vinte ou trinta anos[17].

Finalmente, se as caricaturas étnicas de *Puck* já não levam muitos leitores a grandes deleites, permanecem documentos vívidos e interessantes do sabor grosseiro de seus tempos e, de quando em quando, são pequenas grandes obras-primas da arte do chargista.

17. Outros livros consultados incluem Harold Frederic, *The Damnation of Theron Ware*, Cambridge, MA, 1960; Dorothy M. George, *English Political Caricature: 1793-1832*, Oxford, 1959; L. Draper Hill, *Mr. Gillray, the Caricaturist*, Londres, 1965; H. C. Bunner, editor, *A Selection of Cartoons from Puck by Joseph Keppler*, New York, NY, 1893; William Murrel, *A History of American Graphic Humor*, New York, NY, 1933; Thomas Beer, *The Mauve Decade*, New York, NY, 1961, capítulo 4, "Dear Harp"; Stephen Hess & Milton Kaplan, *The Ungentlemanly Art*, New York, NY, 1968; Mary D. George, *Catalogue of Political and Personal Satires preserved in the [...] British Museum*, Londres, 1935; E. H. Gombrich, *Art and Ilusion*, New York, NY, 1961; L. Perry Curtis, Jr., *Apes and Angels, The Irishman in Victorian Caricature*, Washington, D.C., 1971. As despesas de viagem, pesquisa e fotoduplicação deste estudo foram patrocinadas por uma bolsa de pesquisas da Universidade Estadual de Michigan e uma reunião-visita na Institution, Smithsonian Washington, D.C., em 1969-1970.

5. DE PAT-RIOTAS A PATRIOTAS: O DIA DE SÃO PATRÍCIO NAS CHARGES E CARICATURAS AMERICANAS

Março de 1910, duas semanas antes da parada do dia de São Patrício: P. J. Haltigan, editor do *The National Hibernian*, um boletim destinado aos membros da Velha Ordem dos Hibérnicos, a organização fraternal quase exclusivamente responsável pela institucionalização das marchas do dia de São Patrício, anualmente realizadas nas cidades com grandes populações católicas irlandesas, exortava os membros da ordem a declarar "guerra" aos cartões-postais do dia de São Patrício e outros "favores" impressos que ridicularizavam os irlandeses.

As críticas anticaricaturas do *The National Hibernian* eram bem acolhidas pelo *The Gaelic American*, um semanário de Nova York progressista e pró-fenianos. Além de condenar a publicação e distribuição de postais satíricos ou humorísticos sobre o dia de São Patrício, sua ira e ressentimento incluíam os oradores públicos que contavam piadas de Pat-e-Mike e fornecedores de livros de piadas, filmes e diversos entretenimentos cômicos que ridicularizavam os irlandeses. A "cruzada" contra as caricaturas irlandesas de 1910 nem mesmo era o primeiro movimento destinado a reabilitar o bom nome dos irlandeses nos Estados Unidos. Em 1897, os irlandeses da Nova Inglaterra fundaram uma Sociedade Histórica Americano-Irlandesa, como objetivo de "que a história americana fosse escrita de modo a fazer justiça aos católicos irlandeses". Seu sexto presidente relembrava, em 1909, que desde o princípio os membros tinham tentado combater "duas idéias bem definidas" pelos americanos: que os irlandeses "se amarravam numa briga" e que eram *paddies* principalmente musculosos, barulhentos e mal-educados, de "suíças vermelhas e carregando cochos".

A caricatura dos americano-irlandeses alcançou seu auge durante a era dourada (cerca de 1870-1890), quando Paddy e Bridget, um operário e uma doméstica irlandeses, foram alvos constantes de piadas, charges e sátiras teatrais. Esses trabalhadores celtas, ignorantes mas inofensivos, dados à bebida e aos excessos emocionais, e amarrados numa briga, não dispensavam uma mentira ou uma oportunidade de roubar. Seus líderes inescrupulosos recolhiam seus usados dólares para sustentar parentes vadios "no velho torrão", ou para viabilizar esquemas absurdos de assassinatos de latifundiários, auxiliando compatriotas piromaníacos na Ilha Esmeralda e na Grã-Bretanha.

Essa percepção estereotipada dos irlandeses como sendo os elementos mais arruaceiros, indóceis, exóticos, imprevisíveis e inoportunos na América urbana se tinha abrandado perceptivelmente por volta de 1900.

Jornais e revistas destinados à crescente classe média já não publicavam charges anticatólicas ou antiirlandesas como as que Thomas Nast desenhara para o eminentemente respeitável *Harper's Weekly* nas décadas de 1870 e 1880; charges que atacavam os americano-irlandeses por seu apoio à Igreja Católica Romana e sua suposta hostilidade à escola pública e ao governo democrático e representativo. Sem dúvida, os impressos cômicos e as peças populares continuavam a entreter seus promotores com as grosserias do sotaque caipira da classe baixa irlandesa. Mas esse tratamento se tornou mais tênue, menos censurativo, mais cômico do que crítico. Nos semanários humorísticos reinantes, São Patrício aparecia geralmente como uma criatura extravagente, amigável, com a cara de duende, como se deu em *Puck* em 1904, o que era preferível ao bêbado e dócil instrumento do poder externo do Vaticano, como ocorrera na edição de 26 de outubro de 1881. Os estereótipos irlandeses perderam seu ferrão, sendo mais bem elaborados, por vezes estilizados, como do irlandês "de fino trato" (numa referência às aspirações de sua classe média) ou empregadas e cozinheiras completamente urbanizadas, trabalhadores em construção e policiais que substituíram os trabalhadores de classe baixa e os fanáticos fenianos tão evidentes nessas publicações entre as décadas de 1870 e 1890.

Então, a partir de cerca de 1903, e com duração até 1909, os Estados Unidos foram tomados por uma onda de remeter e receber inexpressivos cartões-postais ilustrados. Esses satirizavam os irlandeses que se acotovelavam numa avalancha no dia de São Patrício e caçoavam deles. Eram os cartões *souvenir* que, na opinião da imprensa nacionalista irlandesa, ameaçavam reavivar e revitalizar os já desbotados estereótipos cômicos e tendenciosos. Daí a declaração de "guerra" contra os cartões e outros retratos-caricaturas ofensivos aos irlandeses.

Hoje, os poucos que recebem ou enviam cartões do dia de São Patrício ou que assistem à parada pela televisão recordam que esse velho e simbólico exercício público que valida a auto-afirmação nacional e religiosa dos "verdes" católicos irlandeses, seu orgulho e sua tradição, já foi considerado uma manifestação ameaçadora do "poder irlandês" pelos mais desenfreados elementos da América urbana. Os historiadores têm comparado o preconceito e a hostilidade anticatólicos e antiirlandeses na Inglaterra e na América vitorianas, particularmente a reação contra o temperamento inflamado de certos nacionalistas irlandeses e as "notas rebeldes" proferidas por líderes radicais, com a classe média branca "neo-escravocrata" contra a militância de alguns negros na década de 1960. Com efeito, muitos estereótipos atribuídos aos celtas do século XIX, tanto em casa quanto no exterior, eram espantosamente similares àqueles mantidos em relação aos negros americanos.

Hoje em dia, naturalmente, todos estão convidados a ser irlandeses por algumas horas em 17 de março. Em Nova York, políticos astutos, irlandeses ou não, tentam estar a postos quando a parada desliza pela Fifth Avenue abaixo. Nem sempre foi assim. Essa celebração pública de imigrantes, outrora inseguros, até mesmo arredios, só foi alcançada após longas e, por vezes, rudes discussões e debates acerca de sua conduta, significado e simbolismo. Portanto, as charges e caricaturas que apareceram por mais de um século em revistas e jornais, cartões-postais e outros impressos, permitem-nos compreender a natureza essencial dessa parada: um testemunho público da aceitação e reconhecimento de um grupo imigrante já criticado em cidades ocasionalmente antiirlandesas e anticatólicas.

O dia de São Patrício foi honrado pelos irlandeses da América do Norte antes do estabelecimento da república em princípios apolíticos e não-religiosos, mas decorosos, comandados por cidadãos assimilados e bem-sucedidos, não os imigrantes "verdes". Os protestantes geralmente excediam os católicos em número, embora os últimos também participassem.

Essas antigas celebrações, normalmente banquetes ou desjejuns tranqüilos, por vezes precedidos por marchas informais às tabernas onde tais festejos aconteciam, mudaram decisivamente após a organizaçãoda marcha passar para a Velha Ordem dos Hibérnicos em 1838. Sob os novos patrocinadores, as marchas também despertaram maiores controvérsias (embora as marchas antigas, largamente antiprotestantes britânicas, também tivessem sido reprovadas pelos cidadãos que arrastavam efígies rústicas de São Patrício pelas ruas). Agora, as excursões, outrora informais, tornaram-se grandes, e bem organizadas demonstrações do poder católico e irlandês, particularmente após 1852, quando o itinerário da marcha de Nova York incorporou a parte nobre da cidade, revista pelo prefeito e pela Câmara Municipal, com a aprovação do arcebispo.

Em meados do século, o "pat-riotismo" era visto como·uma metáfora equivocada, uma alusão grosseira à tendência dos irlandeses a brigas e confusões. Nem sempre sem motivo, já que os tumultos provocados pelos irlandeses perturbavam continuamente a tranqüilidade da cidade e estimulavam a disseminação do nativismo no leste dos Estados Unidos.

Após a Guerra Civil, o jornalismo se expandiu rapidamente e as marchas do dia de São Patrício receberam tratamento especial por parte dos chargistas. Os estereótipos irlandeses, então universalmente reconhecidos, exibiam pelo menos duas faces: a primeira relativamente inofensiva, benigna e cômica; a segunda, sinistra ou ameaçadora.

Refugiados da pobreza e da miséria, executando trabalhos que a maioria dos americanos natos evitava, os católicos irlandeses foram a princípio bem-vindos pelos americanos. Um operário irlandês subindo uma escada com uma carga de tijolos ou um cocho de cimento logo se tornou um emblema da "escalada de Paddy em direção à prosperidade num país livre" para os milhares de irlandeses que trabalhavam na construção civil. A cozinheira ou empregada irlandesa, conhecida como Bridget ou Biddy, era uma presença indispensável – e sujeita a um sem-número de piadas, charges e sátiras diversas – na cozinha, na copa e na sala de visitas.

A pouca familiaridade de Pat e Bridget com as máquinas e engenhocas urbanas deu aos piadistas e chargistas oportunidade de representar os recém-chegados "verdes" irlandeses em situação

"A Visão", charge de folha única, Nova York, 1834. O simbolismo elaborado deste impresso resume-se à inscrição sobre a lápide em primeiro plano à esquerda: "Consagrado à Memória de Dona Liberdade", nascida em 4 de julho de 1776, foi-se desta vida em 1º de outubro de 1833, o dia em que o presidente Jackson transferiu os depósitos do Banco dos Estados Unidos para bancos estaduais predeterminados ou "de estimação". Jackson, tal qual um louco imperador Nero, toca violino enquanto o Capitólio arde em chamas e a Constituição lhe serve de descansa-pés. Enquanto isso, uma turba de incentivadores, incluindo "empregadinhas e patriotas" de orelhas simiescas, encorajam-no com vivas em sotaque irlandês para celebrar a ocasião. Assinado E. Bisbee. (Reproduzido por cortesia da Smithsonian Institution.)

de apuros variados, desde encontrar um bebedouro público, prontamente transformado em lava-pés, até formas estúpidas de "servir batatas sem casca, que resultava em Biddy aparecendo em roupas íntimas, jurando sair da casa se lhe pedissem para tirar outra peça de roupa".

Simpatias aos irlandeses, embora existentes, eram raras. A compaixão logo se tornou receio ou desgosto quando a maioria dos irlandeses, com um ódio vingativo a tudo o que fosse britânico, permaneceu solidamente fiel à Igreja Católica num país já inteiramente protestante, com uma arraigada desconfiança e suspeita do catolismo. Firmes aliados do Partido Democrata, os esfarrapados irlandeses, homens ou mulheres, fumando cachimbos de barro, tornaram-se por volta de 1860 símbolos de sua ala nortista e antiabolicionista.

Mas as charges de Thomas Nast, o mais conhecido chargista americano da época, deram o tom para muitos debates anticatólicos e antiirlandeses, incluindo a discussão sobre uma marcha pública no dia de São Patrício. Nast representava os irlandeses católicos romanos como apaixonados, ignorantes e néscios; dóceis serviçais de líderes políticos corruptos e padres degenerados.

Em 1867, ele produziu "O Dia que Nós Celebramos", uma charge selvagem, para o *Harper's Weekly*, depois de os participantes da marcha terem investido contra a polícia de Nova York com clavas, espadas, bastões e tijolos durante a confusão provocada pela interrupção da marcha anual.

Em 1882, Nast oferecia conselhos irônicos aos chineses na edição do *Harper's* para a semana de São Patrício. Adotem os hábitos anti-sociais dos americano-irlandeses – briga, sonegação, paralisação dos trabalhos do senado com conversa fiada sem-fim, vadiagem em frente aos botecos obstruindo as calçadas, bebedeira, preferência da mendicância ao trabalho, exigência de salários exorbitantes e corrupção vida nacional por votação fraudulenta. Abraçando assim a civilização praticada pelos irlandeses, vocês obterão permissão para ficar!

Conflitos que envolviam católicos e protestantes irlandeses não eram desconhecidos na América do Norte, especialmente onde os *oranges** comemoravam o dia da Batalha de Boyne**, a vitória das forças protestantes, lideradas por Guilherme de Orange, sobre um exército católico.

O confronto mais sangreto ocorreu em 12 de julho de 1871, quando os irlandeses de Nova York atacaram uma procissão *orange*. Durante a contenda, tropas atiraram contra uma multidão enfurecida, cinqüenta pessoas morreram, mais de uma centena se feriram. O chargista do *Leslie's Illustrated Newspaper* concluiu que a lição que a Srta. Colúmbia recolhia do episódio era de dizer tanto à Velha Ordem dos Hibérnicos quanto aos *oranges*: "Recolham esses farrapos, eu terei somente *uma* bandeira aqui". Uma charge de Nast para o *Harper's Weekly* trazia uma nota semelhante. A Srta. Colúmbia rogava em vão aos irlandeses a prática do jogo lícito e da tolerância. Num dos pequenos painéis de página dupla elaborado por Nast, um *orange* flanqueado pela polícia e pela guarda nacional pergunta e São Patrício se ele

---

* *Oranges*, protestantes norte-irlandeses. (N. do T.)

** Batalha de Boyne, que se deu em 1º de julho de 1690, às margens do rio Boyne, na Irlanda, quando Guilherme III derrotou as tropas católicas comandadas por Jaime II. (N. do T.)

" O Dia que Nós Celebramos, Harper's Weekly", 6 de abril de 1867.
O desenho de página inteira vinha acompanhado por uma história de
primeira página intitulada "Tumultos no Dia de São Patrício". Começava:
"Todos os detalhes dos desgraçados tumultos ocorridos quando da celebração do dia de São Patrício em 18 de março. Um retrato fiel do que
mostramos na página 212 prova que os tumultos tiveram início com um
ataque não provocado por parte daqueles da procissão contra homens
inofensivos e indefesos". O editor então reproduzia a história conforme
aparecera no *Herald* de Nova York em 19 de março. Segundo essa narrativa, a polícia pediu a alguns desfilantes que se detivessem por um
momento, permitindo que uma carroça puxada a cavalo saísse da linha de
marcha.

Imediatamente, os desfilantes dissolveram a fila, investiram contra o
condutor com "bastões com pontas de ferro" e chutaram e pisotearam a
vítima abatida. Quando a polícia tentou intervir, foi sua vez de apanhar. O
Harper's observava que, desde o incidente, fizeram-se três ou quatro
prisões, mas diziam que "nada se fez ou se fará realmente de positivo para
se punir o culpado". Desenho de Thomas Nast.

pretende desistir de *sua* parada no futuro, a fim de garantir direitos iguais a católicos e protestantes. "Nunca", responde Patrício.

Joseph Keppler, co-proprietário de *Puck* e seu chargista-chefe, também produziu uma série de charges satíricas e grosseiras sobre o dia de São Patrício:

- Em março de 1878, uma página dupla dedicada ao santo irlandês, incluindo estereótipos tão ofensivos quanto a dita semelhança dos irlandeses com micos e macacos, e uma garrafa de uísque encimada por um malandro de bastão em punho, rotulada "O Espírito do Eire".
- "O Novo Santo Irlandês", de Keppler, O'Donovan Rossa, o irresponsável ex-líder feniano e defensor da guerra de guerrilhas contra os britânicos.
- Uma charge de março de 1879, sugeria que a marcha do dia de São Patrício fosse transferida para os trilhos de uma ferrovia elevada a fim de liberar as ruas congestionadas para trânsito e os negócios costumeiros.
- "A Invasão Chinesa", de 1880, de *Puck*, antecipava o alegre dia em que os chineses expulsos da Califórnia por irlandeses fanáticos substituiriam os ineficientes e impertinentes irlandeses nos serviços públicos e domésticos da ilha de Manhattan, elevando assim a qualidade de vida e de serviços em Nova York como conseqüência do êxodo hibérnico e da invasão chinesa.

A década de 1880 marcou um ponto de virada no destino dos irlandeses, muitos já americanos natos, alguns com posição e influência na sociedade americana, com uma aparição freqüente nas crescentes publicações populares. Nova York elegeu seu primeiro prefeito católico e irlandês nato em 1880. Até *Puck*, que nunca fora defensora da Igreja Romana, admitia que os temores de alguns

105

São Patrício em Nova York

Pat – Biddy, minha querida
   Venha, deixe esses miúdos,
   E fique junto de mim
   Com minha espada e tudo!
   Meu nobre corcel de guerra
   Relincha na porta
   (Certo de que era só um pangaré
   Pastando na horta!)

Biddy – Oh, sim, você ficará esplêndi-
do
   Nesses trajes de guerra!
   Sim, você é descendente
   Dos reis de nossa terra!

Pat – Rápido, querida!
   Pelos poderes eternos,
   Nossa é Nova York
   Uma vez por ano, ao menos!
   Bloquearemos as ruas
   Botaremos os carros fora
   E tudo o que encontrarmos
   Sairá do caminho na hora!

   Oh, sim, chamemos os irlan-
deses,
   O caminho a nós pertence
   E para ficar ainda melhor
   Não será hoje somente!
   Não haverá mais polícia
   Para nos dividir;
   Não haverá mais escolas
   Para nos reprimir!
   Vamos fazê-los notar
   Por toda forma
   O que será de Nova York
   Sob nossa norma!

"São Patrício em Nova York, Harper's Weekly", 2 de abril de 1870. As últimas linhas, "Vamos fazê-los notar/Por toda forma/O que será de Nova York/Sob nossa norma", indicam que a interrupção de tráfego dos negócios ao longo da parada é uma estratégia para uma eventual tomada de Nova York ("New Cork") pelos irlandeses. Nesta representação, o "marchador" é um condutor de bondes preparando-se para montar seu cavalo para a parada. Artista não-identificado.

editores anticatólicos e antidemocratas a que um católico assumisse a prefeitura municipal podiam ser exagerados.

Durante a década, acendeu-se continuamente a opinião pública com incidentes que envolviam nacionalistas irlandês-americanos e irlandeses, incluindo explosões de bombas e assassinatos de figuras públicas britânicas e espectadores inocentes cometidos por irlandês-americanos. Declarando-se guerrilheiros, os terroristas, via de regra, reclamavam proteção ou assistência legal de diplomatas americanos.

Em março de 1888, uma desavença entre Abraham Hewitt, então prefeito de Nova York, e o comitê representativo das sociedades irlandesas que organizavam a marcha do dia de São Patrício mereceu destaque na imprensa. O prefeito, que declarara previamente que durante seu mandato apenas a bandeira americana tremularia na prefeitura, recusou-se a ver a parada e a permitir que a bandeira irlandesa fosse içada no paço municipal. Vetou uma resolução da Câmara de Vereadores que asseguraria o hasteamento anual da bandeira irlandesa no dia de São Patrício. *Judge*, um semanário humorístico controlado pelos republicanos, representou um "coro de cidadãos naturalizados" aplaudindo a decisão do prefeito, mas no ano seguinte os democratas irlandeses voltavam à prefeitura após a derrota de Hewitt nas eleições, e a bandeira irlandesa flutuou por sobre o prédio da prefeitura no dia de São Patrício!

A tese de que em 17 de março os irlandeses dão as cartas em Nova York ("Nova Cork"), e que aproveitam a oportunidade ao máximo, ainda era comum em charges. Ainda que com a aproximação da virada do século o simbolismo geral-

"O 17 de Março Ideal", *The Wasp*, 14 de março de 1885. *The Wasp*, um semanário satírico-humorístico publicado desde 1876 em San Francisco. Segundo um historiador, na década de 1880. San Francisco era "alimentada por franceses, abastecida por italianos e controlada pelos irlandeses". Nesta charge, um irlandês feio e brutalizado, com uma bomba à mão, senta-se sobre uma bóia cercada por adagas e armas de fogo enfeitadas com bebidas e trevos. A charge está repleta de várias nacionalidades, entre as quais chinesas, inglesas, judeus,alemães. Um tapete feito da pele de um leão simbolizava o ódio irlandês à Inglaterra. Assinado"Henry O'Barkhaus"(Henry Barkhaus desenhava regularmente para o *The Wasp*).

mente benigno e inofensivo do dia de São Patrício, hoje visto nos cartões e anúncios distribuídos em grandes quantidades, tenha ganhado terreno nas charges, canções populares ou postais (os precursores dos geralmente elaborados cartões de felicitações que se enviam hoje). Após três décadas turbulentas, a personagem irlandesa, conforme retratada no folclore e na cultura popular, sofria algumas melhoras.

A ameaçadora e perigosa imagem irlandesa dera lugar a uma cômica, com mais de um toque da malandragem de Paddy, um exagero das características irlandesas a ponto de parecerem lisonjeiras autocaricaturas.

Finley Peter Dunne, um talentoso jornalista de Chicago, utilizou o recurso cômico ao falar pela boca do Sr. Dooley, um *barman* irlandês, para fazer comentários óbvios sobre o lado fraco de americanos e irlandês-americanos em suas colunas de uma ampla cadeia de periódicos, reforçadas pelo trabalho destacado de chargistas-ilustradores.

A reputação de Biddy também mudou. De empregadinha cômica e submissa a adorável e charmosa cocotinha. Sua partida, representada por Norman Rockwell na primeira página do *Saturday Evening Post* de 23 de março de 1920, simbolizava o fim de seu reinado como Rainha da Cozinha. As empregadas irlandesas tornaram-se demasiado caras para a família de classe média.

O humor e a sátira antiirlandeses e anticatólicos em jornais e revistas passaram a ser evitados e substituídos por charges, trocadilhos e versos sentimentais ou inofensivos, de comicidade moderada, uma vez que os periódicos e diários, dependendo de empresas nacionais com grandes verbas

"Nossos 'Queridos' Irlandeses", *Puck*, 12 de novembro de 1890. F. Opper representa um aflito Tio Sam preparando-se para contribuir para um fundo de amparo aos irlandeses enquanto diz: "Eu gostaria de livrar os irlandeses da fome, mas quem vai me livrar da Irlanda?" Seis vinhetas, no sentido horário, começando embaixo à esquerda, mostram irlandeses acotovelados em barracos rudimentares construídos em terreno público, cercados de bodes e montes de lixo. Corrompendo e impedindo as ações do governo municipal ao apresentar projetos de lei de seus protegidos. Tiranizando empregadores; atrapalhando o comércio e o trânsito com as marchas do dia de São Patrício;abarrotando de vadios e brigões, por dentro e por fora, botecos sem conta; desperdiçando dinheiro dos contribuintes numa folha de pagamento pública folheada a ouro. Desenho de Frederick Opper.

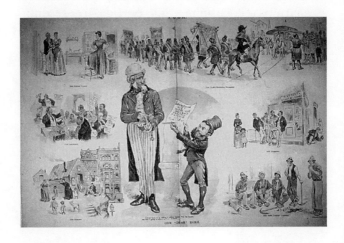

"Patriotas em Desfile", Puck, 22 de março de 1899. Na última estrofe se lê: "Imagine, quando estiver marchando, que o tempo todo você deseja que seu sonho se torne realidade e você se sinta em casa na Irlanda. Imagine que você está, a passos largos, invocando bênçãos ao país onde você pode andar de cabeça erguida. Marche, e leve as duas bandeiras, a velha e a nova, que com o verde da Irlanda tremule o vermelho-branco-e-azul!

"Marche! Marche! 17 de março!

"Carregue os estandartes lado a lado e marche, marche, garoto, marche!"

A ilustração é de Charles J. Taylor (1855-1929), um dos influentes mas esquecidos chargistas da América.

"São Patrício, Life", 3 de março de 1904. No editorial, *Life* dizia: "Há apenas uma geração, os americano-irlandeses faziam os piores e mais árduos trabalhos do país, carregando cimento, construindo estradas, abrindo fossas, servindo o exército, geralmente fazendo o trabalho de homens robustos, sem instrução, sem dinheiro ou amigos poderosos, que começa no último nível da escada social.

"Mas essa é uma velha história e condição passada. Agora, se São Patrício viesse a Nova York, se passasse pela arquidiocese ou pelo Waldorf Hotel, aonde os irlandeses ricos vão visitá-lo, suas carruagens e automóveis fariam uma fila da rua 34 até os altos do Central Park."

"Foi grande o progresso dos irlandeses na América [...] o que deixaria São Patrício satisfeito e, se ele perguntasse como isso aconteceu, poderia dizer sem medo de erro: aqui houve liberdade, aqui houve escolas; aqui tivemos oportunidades. O resto foi resultado de talento e garra."

De Maxfield Parrish, ilustrador popular.

"A Partida da Empregada Irlandesa", *The Saturday Evening Post*, 27 de março de 1920. Após a Primeira Guerra Mundial, muitas jovens irlandesas aprenderam que os empregos da indústria e comércio ofereciam mais respeito e maior remuneração do que os serviços domésticos. Consequentemente, as empregadas irlandesas deixaram os empregos, nem sempre substituídas, uma vez que as domésticas tornaram-se muito caras para as famílias de classe média.

Em outras salas e cozinhas, as negras assumiram os postos das irlandesas. Como se vê nesta primeira página do Saturday Evening Post, o esteriótipo da melindrosa empregada celta foi um dos mais resistentes clichês étnicos: pau de macarrão, caçarola, colher e maneirismos afetados ficaram como características constantes. Com as domésticas tornando-se luxo de ricos, inclui-se o saco de dinheiro (com uma série de trevos) aos símbolos das ocupações e temperamento de Bridget. À exceção de empregadas e serviçais domésticos negros, esta é uma das raras ilustrações de Normal Rockwell para um tipo "étnico". Desenho de Norman Rockwell. Reimpresso sob permissão do *Saturday Evening Post*. *Copyright* 1920, The Curtis Publishing Co., renovado.

publicitárias, temiam ofender as etnias consumidoras e organizações de vigília antidifamações.

Até o estereótipo de que a luta irlandesa é engraçada, ou pelo menos justa, sobreviveu e foi adotado pelos próprios irlandeses. Assim, o outrora ultrajante rótulo do "irlandês briguento" tornou-se honorífico: o irlandês combatente de Notre Dame, do ringue de boxe ou das forças armadas. O "arruaceiro" irlandês estava domesticado, transformado num lutador por causas justas, ou no "venturoso arruaceiro" das tiras cômicas, um pálido e farsesco descendente de seu homônimo horrendo e desordeiro. Os *paddies* bêbados e agitadores desbotaram-se no imaginário popular e foram substituídos por policiais irlandeses, guardiões e mantenedores da ordem e da lei urbana. O Conselho Turístico Irlandês, embora apologético quanto ao espancamento de *paddies* associado à ocasião, reconhece seu efeito fortalecedor sobre as quotas irlandesas de exportação. Os comerciantes da Fifth Avenue renovaram seus eternos protestos de que a parada prejudica os negócios e deveria acontecer apenas nos feriados legais, enquanto negociantes de muitas cidades das províncias utilizam o 17 de março para incrementar as vendas de São Patrício.

Novos gritos de ordem, como "poder irlandês" e "verde é lindo", surgiram na rasteira de expressões similares adotadas por negros e outras minorias. Nos últimos anos, ao lado das enevoadas margens lacustres repletas de trevos, dos duendes portando porretes e outros símbolos do estilo "quando os olhos irlandeses sorriem", oferecemse aos compradores cartões que evitam o sentimentalismo em favor de textos e ilustrações cômicos, por vezes sugestivos. Esses trazem mensagens que reconhecem a festa de São Patrício como uma oportunidade de confraternização geral, sem muitas das associações religiosas que tornaram a data um evento solene na Irlanda. Um cartão do final da década de 1960 afirmava que São Patrício perdera sua auréola. Mas Roma não cometeu "patricídio" quando, em 1966, tornou a celebração de sua data uma festa opcional no calendário universal da Igreja, com a guarda sagrada da quaresma tendo preferência, exceto onde as igrejas fossem dedicadas ao santo irlandês. (São Jorge e São Cristóvão perderam a condição de santos; São Patrício não.)

Um tema do dia de São Patrício permanece, para desgosto de atentos críticos católicos e irlandeses: folclore, charges e cartões ainda proclaman que só se é verdadeiramente irlandês quando se está bêbado, que um bêbado irlandês é um bêbado alegre e divertido.

Seria a queda por bebidas fortes um dos poucos resíduos genuínos remanescentes da herança dos ancestrais irlandeses? De qualquer modo, segundo estudiosos do alcoolismo, a embriaguez como uma moléstia irlandesa não é um mito, nem um bêbado irlandês é um beberrão alegre, mas uma "pessoa trágica, profundamente problemática".

As paradas de hoje não são eventos inteiramente *irlandeses*, embora velhos ódios e inimizades da história irlandesa, hoje como ontem, ameacem destruir a ostentação de unidade aparente. A marcha exibe a dimensão da Igreja Católica de Nova York, cujos padres e hierarquia ainda se mantêm conscientes de sua origem irlandesa. Para os católicos irlandeses da classe média suburbana, americanos natos, acabaram-se os dias de convo-

"Vestindo-se de Grin", Life, 17 de março de 1927. O trocadilho do título, "Vestindo-se de Grin", isto é, green (verde), revela o progresso dos irlandeses nos Estados Unidos, onde todos são convidados a se tornarem irlandeses por um dia, em 17 de março. O primeiro verso de "Vestindo-se de Grin", cantado por um americano-irlandês em 1865 dizia:
"Ó querido Paddy, será que você ouviu
    A notícia que eu sei?
No solo irlandês de crescer
    o trevo é proibido por lei.
Não se guarda mais São Patrício,
    Não se vê mais sua cor,
Pois vestir-se de verde foi
    Proibido por rubra lei de rancor".
Os versos seguintes celebravam a chegada dos irlandeses, "tomados de mãos déspotas", à América, uma "terra estranha mas feliz", onde se pode vestir o verde livremente.

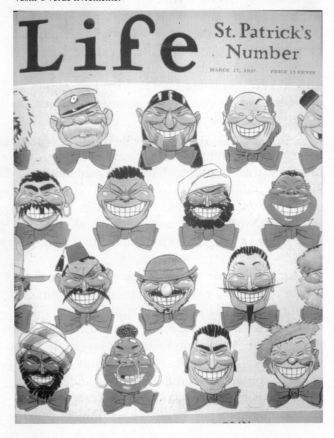

cação para a velha militância. Não sentindo mais discriminações, a maioria comemora o dia de São Patrício como uma espécie de "feriado étnico desetnizado". Alguns observadores críticos da cena irlandês-americana geralmente afirmam que o preço pago pela assimilação foi alto, os lucros nem sempre compensaram as perdas, incluindo qualidades que outrora animavam a vida das classes trabalhadoras irlandesas. Isso, naturalmente, é discutível, e não se pode decidir com base em charges sobre irlandês-americanos. Contudo, charges realmente fornecem indicações – humorísticas, satíricas, engraçadas, por vezes hostis, grosseiras ou sentimentais – ao longo do histórico itinerário da marcha que transformou os imigrantes de empregadinhas e "pat-riotas" em atraentes moçoilas e ardorosos patriotas.

6. OS JUDEUS NA IMPRENSA SATÍRICO-HUMORÍSTICA AMERICANA

I

A caricatura, escreveu R. W. Emerson, geralmente reflete a história mais real de um período. Essa generalização certamente adapta-se à caricatura popular americana do fim do século XIX e início do século XX, quando estereótipos étnicos e raciais altamente visíveis na imprensa, majoritariamente cômicos e satíricos, mas alguns claramente escabrosos, tornaram-se lugares-comuns na música, no palco e nos periódicos em expansão num Estados Unidos carregado de tensões sociais e preconceitos raciais, étnicos e religiosos.

Alguns observadores dessa evidência, familiarizados com a versão romantizada da América como o paraíso de milhões de imigrantes, e da Srta. Liberdade e do Tio Sam entronizados como as personificações dos ideais americanos em toda espécie de material impresso na época, podem ver essa manifestação como ênfase inútil das características negativas de uma nação devidamente avaliada pela tolerância à diversidade étnica e à variedade religiosa e pela liberdade política de todos, ou quase todos, os seus membros desde antigamente.

Entretanto, como se pode ver nos impressos da era entre o final da Guerra Civil e a Primeira Guerra Mundial, principalmente nas charges publicadas em semanários de humor e sátira, pôsteres, anúncios comerciais, rótulos de produtos, cadernos musicais, tiras de jornais e ilustrações de livros, torna-se incomodamente claro que essa iconografia sancionou as máculas etnorraciais que chocam o observador moderno.

À luz da história, após a década de 1920, quando a América fechou suas portas com base nas discriminatórias e racialmente inspiradas leis de quotas de imigração (repelidas somente na década de 1960), após o assassinato de milhões de judeus, com a indiferença da maioria das nações, incluindo-se os Estados Unidos, para seu dilema, e dada a ainda precária posição do Estado de Israel entre vizinhos hostis, é compreensível que a questão mais freqüente sobre as charges e caricaturas representada neste conceito se refira à extensão da contribuição dessas imagens para formar as tendências anti-semitas na sociedade americana. A questão merece uma resposta sucinta, embora este não possa ser tomado como um relatório autorizado sobre as origens, extensão e significado do anti-semitismo americano, um tema

Uma charge de Thomas Nast, publicada pelo *Harper's Weekly* em 1871, representava o judaísmo e várias denominações cristãs, simbolizados com seus cleros puxando vagões de brinquedo.

O Fagin de Cruikshank, extraído de *Oliver Twist*, de Charles Dickens.

ainda debatido por historiadores, sociólogos e porta-vozes de várias correntes ideológicas.

As motivações pessoais e comerciais relativas aos estereótipos etnorraciais americanos são complexas, e nem sempre podem ser reduzidas a simples noções de preconceito, carência social, deficiências de personalidade ou xenofobia, seja lidando com anti-semitismo, anticatolicismo ou discriminação de negros, claramente antijudeus ou anti-semitas, anticatólicos irlandeses, antichineses, antiíndios e antinegros no sentido racial da palavra associado à propaganda nazista alemã. Mas nem toda ilustração, ofensiva, agressiva ou consentida, revela uma hostilidade inflexível ou fatal; alguns estereótipos se originaram do choque dos valores culturais, os temores e inseguranças dos americanos natos, principalmente a população de classe média, geralmente insensível aos sentimentos dos grupos retratados via estereótipos, mas nem sempre desconhecendo sua condição humana ou negando-lhes direitos e prazeres garantidos a outros americanos no contexto de determinados períodos históricos.

Alguns historiadores sociais falam de um "novo" humor urbano que teria substituído o anterior, principalmente a variedade de humor americano que durou por algum tempo no último terço do século XIX, particularmente no teatro de variedades (costumeiramente datado de 1881), e nos semanários que começaram a florescer na década de 1880. Esse novo humor, uma mistura de influências locais e estrangeiras, é visto como mais crítico das, por vezes, infladas promessas da vida americana, uma "retaliação" contra a solidão e alienação engendradas pela vida urbana. A variedade humorística anterior, de orientação regional, mais suave, despretensiosa, excêntrica, apoiava-se principalmente nas relações pessoais e convencionais comumente subentendidas. A nova variedade desenvolveu-se sobre tensões raciais e interétnicas e sobre os equívocos e impasses verbais atacados por pessoas de referenciais étnicos diversos na cidade impessoal.

Esse mesmo humor, mais profissional que a variedade rural anterior, dependente de identidades ligadas a ocupação, raça ou nacionalidade, na ocasião, produz tons e trocadilhos brutalmente indiferentes às relações pessoais e às realidades sociológico-econômicas que se escondem por trás dos mesmos. É também visto como responsável pelas normas urbanas de comportamento da maioria da população imigrante da cidade, liberando temporariamente esses homens e mulheres das pressões da vida urbana e permitindo-lhes rir de temas que na realidade nem sempre eram cômicos ou agradáveis. Assim, o historiador Gunter Barth afirma (em seu *City People*) que esse humor novo e mais agressivo "unia pessoas heterogêneas num momento de harmonia que para eles justificava rir das condições de uma minoria hostilizada". Seus preconceitos, pensa Barth, "na verdade serviram para aproximar as pessoas" porque os gritantes estereótipos representados no teatro de variedades ou nos impressos cômicos contradiziam suas experiências como membros desses grupos étnicos, "nas ruas, nas lojas, no trabalho".

Acreditamos que Barth e os historiadores que com ele concordam exageram em seus exemplos de caricaturas étnicas como um fator *positivo* nas relações humanas. Será que os estereótipos étnicos também não *reforçam*, ao invés de contradizer, noções ultra-simplificadas sobre negros e estrangeiros, oriundos de encontros superficiais nas ruas, nas lojas ou no trabalho? Seriam os velados impulsos antagônicos que sublinhavam tantas piadas, charges e paródias étnicas "meramente simbólicas", sem conseqüências duradouras e malignas além da liberação momentânea e inofensiva de animosidades e tensões reprimidas? Basta observar que a comédia-dialeto, tão declarada em todo humor étnico, de negros a alemães, de irlandeses a judeus, era considerada uma "língua deformada", portanto cômica, como a pronúncia do gago, que também era um recurso do palco cômico e de piadas da época. E, de acordo com Irving Howe e outros que têm estudado a comunidade imigrante judaica da virada do século, os judeus reagiam ao tratamento caricatural no palco e nas charges "sem grande agitação ou irritação". Tendo uma longa tradição de rir de si mesmos, sabiam que na sociedade cristã as artes, nos diversos níveis, lidavam com eles de forma irônica. Somente na primeira década deste século as sensibilidades étnicas judaicas foram institucionalizadas, e principalmente entre os judeus alemães urbanos, que formaram comitês anticaricaturas locais, precursoras da hoje nacional Liga Antidifamação Bene Brith*. Muitos comediantes, empresários e proprietários teatrais e não poucos chargistas eram judeus. Apesar disso, caricaturavam-se os judeus como avaros, agiotas, desonestos, financistas velhacos e comerciantes ou alfaiates de roupas de segunda mão, ou mascates que operavam à margem do comércio e da sociedade, embora os comediantes judeus tentassem geralmente "suavizar" e humanizar seu material.

* Bene Brith (em hebraico, *B'nai B'rith*, Membros da Aliança), associação fraternal judaica fundada em Nova York em 1843.

Um impresso inglês do início do século XIX. Note-se a personagem "usurária" à direita.

Cartão comercial de 1880. Esses cartões eram empregados para anunciar negócios. Judeus que negociavam com penhores eram chamados de "tios" (na ilustração está grafado, manualmente, "I'm an uncle", ou "Eu sou um tio").

O vocabulário que descrevia a caricatura judaica no palco ou nas charges era dominado pelo escárnio. Geralmente, carecia do orgulho e da agressividade auto-inconsciente e abundante na comédia irlandesa ou na natureza jovial e alegre das charges e comédias teatrais alemãs.

Naturalmente, todos os tipos nacionais eram retratados sem sutilezas, geralmente com não mais do que uma ou, quando muito, umas poucas facetas de caráter. Eram todos estereótipos previsíveis em situações-clichê que dependiam de indícios evidentes e bem-conhecidos de caráter, fortemente exagerado, para despertar reconhecimento e resposta imediata, previsível e certeira.

A necessidade de reconhecimento instantâneo e familiar leva à exploração de situações e personagens comuns. Eis por que muitas anedotas e charges étnicas (geralmente anedotas meramente ilustradas) têm um desenvolvimento interno que nem sempre está relacionado ao que acontece no mundo que pretendem representar. Anedotas e charges continuam a existir, com tão pouca relação com a realidade quanto homenzinhos saindo de discos voadores e pedindo para que os levemos a nossos líderes! Isto é, chargistas que trabalhavam com temas étnicos "judeus" não precisavam se referir a qualquer conceito falso, verdadeiro ou imaginário de seu assunto, além do que já era estabelecido pelo uso convencional!

Em nossa opinião, o resumo de Irving Howe sobre o humor étnico existente na virada do século fornece a interpretação mais equilibrada de muitas das imagens selecionadas para este estudo. Em *World of Our Fathers*, p. 402, ele escreveu que as artes populares serviam como uma espécie de comitê de boas-vindas abrasivo para os imigrantes. Sagazes em ridicularizar incompatibilidade de usos e costumes, raramente inclinados ao veneno ainda que completamente habituados ao desdém, exploravam as peculiaridades pouco fixas que a história ou a lenda atribuíam a cada cultura. Providenciaram uma iniciação a trotes e caricaturas que garantiram aos suecos, alemães, irlandeses e judeus serem notados, ainda que através das lentes cruéis da paródia, o que significava ser aceito.

II

Apesar de os judeus já serem representados como narigudos na Antiguidade, a receita dos atributos físico-vestuais do judeu caricato ainda não estava aperfeiçoada até 1650. Os impressos europeus dos séculos XV e XVI dependiam de personagens simbólicas para interpretar judeus e judias: sacos de dinheiro, chapéus especiais e insígnias que eram forçados a usar. O século XVII trabalhava com rótulos de identificação fisiológica: barbas longas ou tufos estreitos que circundavam o rosto, o nariz grotescamente dependurado. Os chargistas dos séculos XVIII e XIX aperfeiçoaram os indícios básicos que retratavam os judeus: grandalhão, narigudo, gesticulando com as palmas abertas, e, na Inglaterra e nos Estados Unidos, o sinal de três bolas caracterizando o "tio" ou agiota. Os chargistas alemães acrescentaram os pés chatos, as pernas curvas e o gosto pelo alho (*Schmulchen Schiewelbeiner*, de Wilhelm Busch) no século XIX. Como muitos chargistas americanos nasceram ou se formaram na Europa, seu repertório naturalmente incluía a receita gráfica do judeu de identificação imediata, uma chamativa figura confiante em vários séculos de símbolos e referências européias e cristãs, sempre desfavoráveis ou hostis em relação aos judeus como intrusos, cristocidas, estranhos ou representantes da nova e emergente sociedade capitalista baseada no intercâmbio impessoal de bens e dinheiro.

Em suma, nem os chargistas americanos nem seus leitores partiram de temas novos ao retratar judeus. A exemplo dos escritores e dramaturgos, eles tiveram um "vocabulário" básico para delinear os judeus que dependia menos dos judeus observáveis na realidade do que das imagens já existentes.

Essa era uma imagem que o historiador de arte E. H. Gombrich descreveu como sendo a "interpretação visual de uma fisionomia que não se pode esquecer e que as vítimas sempre aparentarão carregar consigo como uma maldição". A receita anglo-européia para caricaturar hebreus, tanto em sua descrição no palco, na ficção ou no folclore, para os outros chargistas, durou enquanto os caricaturistas americanos não dispunham de modelos judeus vivos, muito limitados com exceção dos locais onde os judeus eram altamente visíveis, dada sua concentração em trabalhos de retalhista e mascataria ou onde aspiravam a cargos públicos geralmente monopolizados por varões protestantes anglo-americanos.

Os judeus coniventes, trapaceiros, ricos e não obstante *cômicos* da tradição usurária elisabetana predominaram entre os judeus personificados nas peças americanas representadas nos três primeiros quartos do século XIX. Na literatura, havia um virtual excesso de judeus vadios; Fagin e seus sósias americanizados. Em poucas palavras, os primeiros judeus caricaturados nos Estados Unidos eram Fagins e usurários naturalizados, banquei-

Quando se recusou acomodação ao banqueiro judeu Joseph Seligman num hotel de Saratoga Spring, NY (1877), o exemplo foi seguido por Austin Corbin, proprietário do balneário de Manhattan Beach, desencorajando a clientela judaica num empenho de tornar seu local de férias mais "exclusivo". Puck, nesta charge de 1879, sugere várias formas para que os judeus possam entrar em Manhattan Beach com disfarces e sob várias artimanhas.

Puck critica os grupos imigrantes estabilizados por suas atitudes contra os recém-chegados às costas americanas(1893).

ros, mascates, vendedores de roupas usadas e agiotas remanescentes daqueles que povóaram os impressos caricatos ingleses de página inteira e, principalmente, os desenhos para *Punch*, o semanário humorístico fundado em 1841.

A essa altura, o estereótipo do judeu anglo-americano estava fortemente identificado a seus sósias ingleses e europeus. Mas *havia* uma diferença! Os chargistas que criavam imagens cômico-satíricas dos judeus e do judaísmo para os semanários que proliferavam no período pós-Guerra Civil produziam estereótipos que refletiam diversos grupos étnicos, religiosos e raciais que agiam, interagiam, competiam e por vezes se chocavam numa nação em crescimento – uma nação que desde o princípio de sua vida nacional permitiu aos judeus participarem do processo político sem as proteladas lutas que acompanharam sua emancipação na Grã-Bretanha e na maioria dos países europeus. Talvez seja ainda mais significativo que os judeus dos Estados Unidos não fossem o grupo mais atingido, muito menos o primeiro, pelos ferrões da exclusão, discriminação legalizada, preconceito e ridículo. Animosidade violência e desprezo declarado a negros, índios, chineses, mórmons, italianos e católicos irlandeses, via de regra, tomaram formas mais abertas, mais violentas e mais brutais do que aquelas dirigidas aos judeus, ainda que outros imigrantes, como canadenses e escoceses, fossem mais rápida e prontamente incorporados.

III

As primeiras personagens judaicas, certamente significativas, sem linhagem britânica, encontram-se no trabalho de Thomas Nast (1840-1902), o primeiro chargista americano de influência política. Comandando um grande e atento público no *Harper's Weekly*, Nast representou a Igreja Católica Romana e seus aliados católicos irlandeses do Partido Democrata como os principais inimigos das liberdades americanas, retratou judeus e outros imigrantes entre os que defendiam as escolas públicas, consideradas por ele o baluarte da liberdade americana, assegurando harmonia numa nação hospitaleira a diferentes raças, nacionalidades e religiões sob uma Constituição que não favorecia qualquer sistema étnico ou religioso.

À medida que a caricatura de Nast declinava em força e influência, crescia a de *Puck* como o primeiro semanário humorístico americano a fazer sucesso de fato. Fundado por Joseph Keppler, um imigrante austríaco, *Puck* começou como um semanário teutófono em 1876, acrescentando-se no ano seguinte uma edição em língua inglesa que se tornaria um dos principais periódicos de humor no final do século XIX e início do século XX. Keppler desenhou a maioria das principais charges dos primeiros anos de *Puck*, logo auxiliado por Frederick Burr Opper. Ambos, assistidos por outra equipe e por chargistas *free-lancers*, produziam a grande massa das ilustrações de *Puck*, principalmente as que retratavam judeus, durante as duas décadas seguintes. Opper, filho de um imigrante judeu austríaco e uma mãe aparentemente cristã, nascida na Nova Inglaterra, é identificado como judeu por alguns livros, mas nada foi possível localizar sobre sua filiação, opinião ou prática religiosa.

Em 1891, *Puck* enfocava a perseguição aos judeus através dos séculos. A charge parece dizer que os judeus contemporâneos prosperam conforme o estereótipo, não importa o quanto sofram.

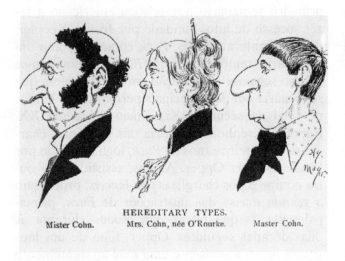

Esta charge publicada por Judge em 1895 refletia a crescente discussão sobre os casamentos entre judeus e não judeus, principalmente católicos irlandeses. Este tipo de composição facial (Master Cohn) pode ser encontrado no início da década de 1850, embora fosse então mais comum a criação de uma composição negro-alemão-irlandês.

A caricatura do judeu de *Puck*, embora geralmente grosseira e vista hoje como anti-semita, não era assim interpretada em sua época. O ultra-americanismo patriótico de Keppler não teria espaço no pluralismo ou na "etnicidade" cultural de hoje. Como imigrante de língua alemã, Keppler captou as ansiedades e as divergências comuns entre os judeus americanos de origem alemã através de algumas das tendências vistas em *Puck*. (Uma versão anterior de *Puck*, teutófona, publicada por algum tempo em Saint Louis, refletia o domínio de Keppler das nuanças da vida do judeu alemão americanizado, mas não se dispõe, para este estudo, de charges dessa raríssima edição.)

O tratamento que a caricatura keppleriana dava a vários credos, raças e nacionalidades atrairia hoje a fúria dos inúmeros comitês antidifamações. Mas na época suas charges não eram excepcionais. A controvérsia deu origem à notoriedade, e ambas colaboraram para aumentar a circulação. Nunca se acusaram os chargistas do século XIX por sua sutileza, e a de Keppler era tão vigorosa como qualquer outra. Mas *Puck* não dava aos judeus tratamento pior que a outros grupos; tratava-os, talvez, até melhor do que os católicos irlandeses. Sua visão ridicularizante de vários credos, incluindo-se o judaísmo, continha uma maldade limitada, o que não se pode dizer de seus concorrentes entre os semanários satírico-humorísticos, principalmente *Life*, começando a circular em 1881.

A fé de *Puck*, sob patrocínio de Keppler, era simplesmente a fé do Iluminismo: a eliminação de todas as peculiaridades individuais de crença, numa fé universal; a fusão das diferenças nacionais e religiosas através de casamentos mistos, resultando numa nacionalidade comum americana que superasse e substituísse as velhas fidelidades, preferências e peculiaridades. Se hoje a maioria dos americanos rejeita esta visão como demasiado simplista, demasiado otimista, demasiado negligente em termos de princípios religiosos, étnicos ou nacionais, é uma visão, embora utópica, que se partilhou e aplaudiu entre as primeiras gerações de imigrantes, que se transformaram em ardentes nacionalistas americanos, incluindo-se aí muitos judeus.

Os editoriais de *Puck* observaram que os judeus partilhavam dos sentimentos de outros grupos, mas que foram forçados por circunstâncias históricas a se ocupar com crédito e dinheiro. Ocasionalmente, suas charges de página inteira lidavam com questões nacional ou internacionalmente pertinentes aos judeus, do anti-semitismo pós-Guerra Civil às campanhas anti-semitas na Alemanha, França e Rússia.

Ainda, esse tratamento geralmente simpático de questões relativas aos judeus ou ao judaísmo juntou-se a uma "linguagem" ou vocabulário caricatural que empregou e aprofundou símbolos e atitudes hostis aos judeus. Essa personalidade dividida das charges de *Puck* explica a dificuldade encontrada pelo observador de hoje, com charges e textos que mostram políticos e figuras públicas como usurários, Fagins e judeus errantes, sem maldade *intencional* em relação aos judeus, mas sem levar em consideração as implicações negativas que tal tipo de figuras trazia aos judeus na sociedade cristã.

Hoje, o material de *Puck* assemelha-se a um quebra-cabeça contraditório. Piadas e charges de mau gosto sobre judeus que ateavam fogo à pró-

Esta coleção de postais impressos em 1882 retrata alemães, irlandeses, chineses, judeus, índios e negros conforme as características estereotipadas da época.

pria loja para receber o seguro; comerciantes judeus com nariz imenso e gestos grotescos persuadindo o público a entrar nas lojas; judeus que exibiam um conceito contagioso sobre dinheiro e ganhos obtidos por perspicácia comercial combinada com fraude e malandragem, entremeado com homenagens à sobriedade judaica, defesa dos judeus contra seus detratores, charges dando as boas-vindas aos imigrantes judeus russos, como preferíveis aos irlandeses, e uma homenagem de página dupla ao Barão e Baronesa das Finanças como "os dois maiores filantropos (hebreus) do mundo".

Um elemento temático, raramente encontrado nas charges européias, mas freqüente em *Puck* e nos semanários humorísticos menos simpáticos aos interesses judeus que o último, era a inclusão dos judeus na rede étnica, racial e religiosa que compunha a sociedade americana. Contrastes e comparações entre raças e nacionalidades sempre foram matéria-prima dos humoristas. Mesmo o simples ato de alinhar personagens significava estabelecer precedência, colocar alguém em primeiro ou último lugar. Vulgar como geralmente era esse humor, reforçando preconceitos e estereótipos existentes, serviu também para alertar diversos grupos como membros de uma nação. Contraposições étnicas, pondo irlandeses contra negros e chineses, judeus contra católicos irlandeses, o judeu urbano comerciante contra o caipira que vinha à cidade por um dia, eram adoradas por chargistas e comediantes do teatro de variedades "e depois também pelos cineastas pioneiros". Talvez estimulados pela verdadeira antipatia existente entre judeus e irlandeses, os chargistas recorriam ao encontro, nas circunstâncias mais imaginárias, do irlandês Pat com o judeu Abe. Ambos se colocavam contra as tradições protestantes e anglo-saxônicas, ambos tinham uma história como temas de sátira na ficção e no teatro; para cada um havia estereótipos receitados, dramáticos e gráficos plenamente desenvolvidos.

Características faciais estereotipadas atribuídas a judeus e irlandeses convidavam a comparações e permutas extravagantes a respeito de suas fisionomias: o enorme bico convexo do judeu contrastado com o igualmente grotesco narizinho de Pat sobre uma vasta extensão de lábio superior. Naturalmente, podiam se encontrar esses contrastes numa pálida evidência por vezes observável na realidade. O mesmo era verdade quanto ao eterno motivo de casamentos entre judeus e católicos irlandeses, cujas uniões inspiravam chargistas, dramaturgos e compositores desde *Hereditary Types* (1895), de Hy Mayer, até *Kosher Kitty Kelly* e a comédia televisiva *Briget Loves Bernie*, de safra recente, que ressuscitou muitos dos velhos clichês ouvidos e vistos primeiramente em *A Rosa Irlandesa de Abie* e seus predecessores entre os entretenimentos do século XIX. Dada a existência amplamente conhecida de preconceito antijudaico entre as massas de irlandês-americanos, e a atração da estável família judaica por algumas imigrantes católicas, o chargista, humorista ou dramaturgo que representava uniões judaico-católicas trabalhava um tema bom não somente para a invenção satírica, mas também conveniente para o autovirtuoso repúdio de preconceitos "não americanos" do Velho Mundo.

Contrastes ente judeus e irlandeses enfatizavam o temperamento irracional, estático e dionisíaco atribuído aos irlandeses rurais e o comportamento apolíneo, racional e calculista que se dizia governar os atos de todos os judeus, mesmo em situações onde emoções intensas ou abandono do autocontrole racional fosse natural ou esperado. O irlandês caricato é um tipo de camponês rústico, perdido na cidade impessoal onde o judeu, o protótipo do capitalista urbano, se sente em casa. As aspirações irlandesas aos níveis sociais mais elevados são vistas como jocosas e frustrantes devido a seus excessos; a mobilidade social dos judeus e a suposição do valor e comportamento dos quatrocentões são satirizadas nas charges de *Puck* e *Judge* e censuradas pela violentamente xenófoba e anti-semita *Life* como ameaças ao *status quo*.

Judge, organizado por artistas egressos de *Puck*, enfrentou sérios problemas financeiros em seu primeiro ano. Visando aparentemente aumentar seu público e a circulação, seu diretor e seu editor e cartunista-chefe, James A. Wales, recorreram a uma mistura de calúnias e difamações de cunho político, econômico e sexual, claramente anti-semitas, nunca vistas até então (1881-1882) num semanário ilustrado americano. Os difamatórios editoriais e charges anti-semitas desapareceram em 1883, quando uma nova direção assumiu o semanário agonizante e anunciou que as edições seguintes evitariam "a vulgaridade e o mau gosto". Em 1891, a editora de *Judge*, então sob o controle do Partido Republicano (em oposição às tendências democratas de *Puck*), adquiriu o *Frank Leslie's Illustrated Newspaper*, dando ao velho Grande Partido* controle sobre os dois jornais. A imprensa judaica, de tempo em tempo, acusava os dois semanários de serem fontes de charges, notícias e representações anti-judaicas, principalmente quan-

---

* Velho Grande Partido: o Partido Republicano. (N. do T.)

Os postais ilustrados tornaram-se a mania americana do início do século XX. Estes postais estereotipados estavam geralmente disponíveis ao público americano como uma forma barata de enviar mensagens curtas. A propagação desses postais foi o tiro de largada para a formação de comitês antidifamações judaicos.

do o *Leslie's* publicou uma vil charge anti-semita, em primeira página, durante a campanha presidencial de 1896.

Life, o terceiro entre os semanários satírico-humorísticos influentes da era dourada, era um reservatório de imundícies, insinuações e delírios anti-semitas até ser reorganizado em 1920 por Charles Dana Gibson, seu colaborador mais conhecido. Seu ânimo contra os judeus aumentou significativamente após James S. Metcalfe tornar-se crítico de teatro. Metcalfe e John Ames Mitchell, ambos educados em Harvard, desposaram a visão de uma sociedade de Nova York dominada por homens brancos e protestantes, na qual judeus e irlandeses representavam tudo o que era corrupto no governo, no lazer e na vida social. Conciliando-se com o poder dos católicos irlandeses, fortes demais para que *Life* pudesse atingi-los, os autores voltaram seus consideráveis recursos e talentos para um ataque implacável contra o que eles repetiam eternamente em charges e editoriais como sendo uma conspiração judaica contra a civilização americana e a arte pela arte, manifestada no controle de várias salas de teatro pelo "monopólio teatral judaico".

No final da década de 1890, defrontando-se com a severa concorrência dos jornais diários pelos serviços dos grandes chargistas, jornais cujos editoriais, charges e tiras coloridas tornaram as charges detalhistas e artesanais dos semanários obsoletas, esses começaram a perder força, energia e influência. Ao mesmo tempo, contribuindo para o sentimento antiimigrante e anti-semita e para a introdução de nova mídia – o cinema e o cartão-postal (que se tornou a mania nacional entre 1905 e 1907), a grande expansão de anúncios nacionais em revistas e *outdoors* –, engatilharam a organização de comitês antidifamações entre judeus e irlandeses. Os comitês da organização fraternal Bene Brith, depois transformada na Liga Antidifamações, foram inicialmente conhecidos como Comitês Nacionais de Caricatura, pois passavam grande parte do tempo a protestar contra estereótipos em textos escolares (*O Mercador de Veneza* era um alvo freqüente), comédias cinematográficas, teatro de variedades e postais. Em 1914, Harry Hirschfield, que aparentemente não era membro da Bene Brith na época, começou a desenhar "Abie, o Representante", a primeira tira cômica de uma personagem judia, numa cadeia de jornais, concebida para contrapor os estereótipos grosseiros do teatro e da paródia.

Depois de Abe Kabibble, um judeu adulto imigrante, de ancestrais oriental-europeus, com uma série de emoções razoavelmente fortes para uma personagem de tiras cômicas, as personagens judaicas apareciam ocasionalmente nas histórias em quadrinhos. Apareceriam, também, em revistas novas como *The New Yorker*, lançada em 1925, *Ballyhoo* e *Esquire*, lançadas na década de 1930, substituindo semanários cômicos como *Puck* (interrompido em 1918, quando seu nome se tornou uma seção do *Sunday Comics*, de Hearst), *Judge* e *Life* (cujo nome foi vendido para o grupo Luce, editora do semanário fotojornalístico).

Raramente visto sob ângulo totalmente favorável, mas também representado com toques menos negativos do que na Europa, o judeu da caricatura· americana refletia emoções e atitudes complexas e ambivalentes de seus criadores e do público destes. De qualquer modo, seu tratamento constituiu um novo capítulo na iconografia histórica judaica. Aqui, os judeus não foram alvo isolado do escárnio e do riso dirigidos ao forasteiro, ao alienígena, ao filho da sorte. Também aqui, o vocabulário dos chargistas se mantinha manchado de insinuações simbólicas enraizadas no Velho Mundo, antagonismos cristãos que de usos humorísticos ou cômicos convertiam-se facilmente em propósitos satíricos e hostis.

Hoje se compreende que os símbolos e insinuações tradicionalmente empregados pelos chargistas para personificar judeus estão irremediavelmente manchados de associações anti-semitas. O impacto psíquico provocado pela execução em massa de judeus pelo nazismo provavelmente nos impeça de ver novamente tais charges como uma era mais inocente talvez as tenha visto.

Para os judeus, a história enquanto autodescobrimento carece de relações com a natureza complexa e ambivalente de suas imagens caricatas européias e americanas. De fato, todo americano que pretenda chegar a uma auto-imagem positiva ou reduzir o autodesprezo e a desconfiança deveria saber que dificilmente algum grupo nos Estados Unidos deve ter escapado a alguma estereotipagem humorística, satírica e, via de regra, prepotente, humilhante e até mesmo hostil.

Isso, também, faz parte de nossa história e de nosso legado comum.

7. ABIE, O REPRESENTANTE, GIMPL, O CASAMENTEIRO, BERL SCHLIEMAZEL & CIA

Quem, além dos historiadores de nossa comercial cultura popular, se recorda de "Abie, o Representante"? A personagem fumante, de olhos arregalados, baixinha, gorducha, de nariz acebolado e bigodinho, proferindo um inglês com sotaque, expressões e inflexões ídiches, foi criada para as tiras de quadrinhos por Harry Hershfield (1885-1974), cuja carreira de chargista, radiocomediante, escritor e humorista, estendeu-se a vários meios de comunicação. Hershfield desenhou sua tira para um diário em branco e preto e um semanário dominical colorido entre sua estréia em 1914 e seu encerramento definitivo, com várias interrupções, em 1940. Artisticamente, seu trabalho era descaracterizado, se comparado ao elegante traço de "Educando Papai", por exemplo. Ainda assim, merece uma posição de destaque entre as personagens étnicas da Galeria da Fama dos Quadrinhos, como a primeira figura judaica em tira de uma cadeia de jornais. Inicialmente, a tira agradava aos adultos urbanos, judeus e não judeus, que se identificavam com os prazeres e pesares do vendedor, representante e lojista Abe Kabibble, e que compartilhavam de seu fervor e ansiedade por contrair e evitar prejuízos à reputação e ao *status* num mundo comercial cruel e implacável.

Hoje, distingue-se que, além de aumentar a tiragem de jornais metropolitanos que entretinham muitos leitores de primeira e segunda gerações, Abie servia como uma contra-imagem aos então ridículos e humilhantes estereótipos judaicos predominantes na cultura popular americana: em semanários satírico-humorísticos, jornais, teatro de revista e cinema. Apesar de seu sotaque ídiche, Abie, aparentemente, não feria as suscetibilidades dos líderes judaicos teuto-americanos e dos porta-vozes dessa comunidade que, em 1913, um ano antes da estréia de Abie, organizaram a Liga Antidifamações da Ordem Fraternal de Bene Brith (inicialmente conhecida como comitês contra caricaturas ou de publicidade), para controlar e reduzir o crescente anti-semitismo da cultura de massa que se expandiu após 1900, uma vez que a hostilidade religiosa e cultural contra os judeus se intensificava com a competição econômica e as tensões políticas.

Hershfield, então trabalhando para os jornais de Hearst, já soltara algumas expressões ídiches na linguagem simplória de uma de suas personagens, um chefe canibal de sua tira "Desmond Desesperado". Com Abie, pretendia compartilhar dos interesses da Liga Antidifamações pelos estereótipos depreciativos. Em 1916, Hershfield disse aos membros de um clube feminino de Chicago que decidira fazer de Abe Kabibble "um espécime bem-vestido e nitidamente definido do humor judaico", pois os retratos anteriores de judeus "no palco e na paródia" apresentavam um "tipo de humor pouco lisonjeiro aos judeus e tampouco justificado". Outros cartunistas judeus aparentemente compartilhavam da opinião de Hershfield nesse aspecto. Conforme a *Cartoons Magazine*, lida por ilustradores profissionais, Bert Levy, criador da série "Samuel e Sylenz", no mesmo ano "renunciara voluntariamente a um salário anual de doze mil dólares e pagara dois mil e duzentos dólares para se liberar de seu contrato para não continuar com uma série que considerava ofensiva a seus camaradas judeus".

Ao contrário dos narigudos, calculistas e ambiciosos Hockheimers (Fig. 1), Diamondsheens e Burnupskis das charges e quadrinhos da virada do século, Abie tinha uma carga razoável de emoções humanas – razoável, isto é, para uma personagem de tiras distribuídas pelas agências que impunham limitações à liberdade de expressão de chargistas que, em sua maioria, ainda tentavam evitar temas tidos como ofensivos ou antipáticos aos leitores.

Abie amava sua família e seu país, e embora fosse astuto nos negócios era capaz de generosidades. Ele podia ficar alegre, deprimido ou zangado, e ao ser convocado sofria as atribulações típicas dos campos militares. Nos sábados à noite, jogava cartas manhosamente ou fazia bicos como vendedor numa loja de roupas. Alternativamente,

145

MR. HOCKHEIMER – Ach! Mein Gott, Shakop, vy you vaste your dime ofer dot foolish book – over dot crazy fool pusiness about dot palmistry. Dot vill nefer do you no goot votefer.
HOCKHEIMER JR. – Oh! dont vorry, Fader, it maype gomes in handy some day.

MR. HOCKHEIMER *after trying in vain for over an hour to fit costumer whit hat* – Vait, don't go, mein frendt: I see vot I gan do.

MR. HOCKHEIMER *in anguish* – Oh! Shakop mein sohn! Dish was awful. I loose me a gustomer. Efery hat in der store ish too pig for his head. Vot vill I do me?
HOCKHEIMER JR. – Calm yourself, Fader. I tries vot I gan do.

"Goot morning, Mister. Oh! yes dot hat vas entirely too pig. Say Mister, did you effer hear apout dot science of palmistry, vot dells your fortune py der lines on your handt?
Gif me your handt, I tells you."

"You vas porn under a lucky planet. Your line of life vas goodt undt long, you vill live to old age."

"Your power for knowledge is enormously developed. You vill become a prilliant man - a scholar, a statesman, perhapss der President. You vas a porn leader man - like Napoleon."

"You have great power of concentration and determination - you vill succeed in votefer you underdakes."

"Fader, you must have made some mistakes. Any of dese hats vill fit der great schentelemans. Give me a larger size. Goot"

MR. HOCKHEIMER *falling on his son's neck* – Oh mein sohn, der pride of mein life. I dakes you in bartnership tomorrow.

Fig. 1. Este quadrinho de 1897 mostra Hockheimer e seu filho com todos os gestos e traços exagerados do hebreu estereotipado dos semanários cômicos. A forma narrativa das tiras foi introduzida por F. M. Howarth, embora com os diálogos abaixo dos quadros ao invés de se usarem balões. (copyright 1897, Keppler & Schwarzmann.)

1. Hockheimer pai – Ai! Meu Deus, Jacó, você perde seu tempo com esses livros ridículos, com essa coisa idiota de quiromancia. Isso não vai lhe dar nada de útil.
   Hockheimer filho – Não se preocupe, pai. Isso ainda pode ser útil um dia.

2. Hockheimer pai (após tentar, por mais de uma hora, encontrar um chapéu para o cliente) – Espere, não vá, meu amigo; verei o que posso fazer.

3. Hockheimer pai (desesperado) – Oh, Jacó, meu filho! Isto é terrível. Perdi um cliente. Todos os chapéus da loja são grandes para ele.
   Hockheimer filho – Acalme-se, pai. Vou fazer o possível.

4. – Bom dia, senhor. Oh, sim; o chapéu era muito grande. Diga-me: já ouviu falar em quiromancia, que lhe diz a sorte através das linhas da mão? Dê-me sua mão, eu lhe direi.

5. – Você nasceu sob o planeta da sorte. Sua linha da vida é boa e longa. Você viverá até uma idade avançada.

6. – Seu poder de conhecimento é fortemente desenvolvido. Você vai se tornar um homem brilhante, um sábio, um estadista, talvez até presidente. Você é um líder nato, como Napoleão.

7. – Você tem grande força de concentração e determinação, você fará sucesso em qualquer área.

8. – Pai, você deve ter-se enganado. Qualquer um desses chapéus serve para os grandes cavalheiros. Dê-me um dos grandes. Ótimo.

9. Hockheimer pai (abraçando o filho) – Oh, meu filho, orgulho da minha vida! Vou torná-lo meu sócio amanhã.

admirava sua noiva, Reba, e o pai dela, e era ao mesmo tempo frustrado por eles.

As tiras mais zombavam do que satirizavam aspectos da vida do judeu americano de classe média: todo o círculo de amizade de Abie, Cohen, Mandelbaum, Jake e Meyer; sua avidez em comprar com desconto; suas tortuosas tentativas de ter uma vida melhor e ser um pai de família responsável. Acima de tudo, seu sotaque, sintaxe e vocabulário o enquadravam como um imigrante judaico-americano de primeira geração, burguês, urbano e do ambiente comercial. "Oi, Gewalt. Fui enganado!", exclama ele em 1918, num episódio típico. "Fico todo arrepiado quando penso no sermão que minha Reba vai me passar", observa ele noutro. O dialeto enfraquece e praticamente desaparece na década de 1930.

Outras personagens judaicas das tiras de jornais apareceram ocasionalmente nas histórias em quadrinhos da década de 1920 e do início da década de 1930; nenhum, entretanto, alcançou a longevidade ou a fama de Abe Kabibble. Entre seus co-irmãos das tiras de jornais havia um Sr. Guggenheim em "Os Nebbs" – uma expressão ídiche que define uma pessoa insignificante – e os filósofos dos centros de moda, "Potash e Perlmutter", que, alcançando destaque nacional nas páginas do *The Saturday Evening Post*, migraram para o teatro, cinema, e, como proprietários de uma agência de detetives, para uma tira diária nos órgãos de Hearst na década de 1920. "Cines Metropolitanos", os painéis singulares dos tipos urbanos de Denys Wortman, incluíram as aflições do proprietário de uma loja de roupas ("Entrando no Vermelho e Saindo Dele com Sam"), assediado por cobradores e amigos a pedir descontos. Em

"Exageros de Gross", destaque do dominical *New York World*, Milt Gross (1895-1953) apresentava a família Feitelbaum e seus amigos que falavam no dialeto anglo-ídiche (*inglídiche*).

Havia também os tipos judeus das tiras da imprensa em língua ídiche. Uma das mais famosas era Gimpl Beinish (Fig. 2), o *Schadchen* (casamenteiro), que divertia os leitores do *Die Wahrheit* (*A Verdade*), editado entre 1912 e 1919 por Louis G. Miller, Gimpl era desenhado por Samuel Zagat (1890-1964), um chargista-ilustrador que contribuía para outras publicações ídiches e para o *New Masses* com o pseudônimo de G. Holan. Durante quarenta e dois anos, após deixar o *Die Wahrheit* em 1919, Zagat foi o responsável pelo trabalho de arte do *Jewish Daily Forward*, talvez o jornal ídiche mais lido em Nova York.

O baixote Gimpl era um intrometido barbado de cartola, com olhos minúsculos, trajando sobrecasaca e calças listradas. Seu desejo furioso de fazer a vida unindo os solteiros mais descomprometidos às mulheres disponíveis levava-o a qualquer lugar onde se pudesse casar judeus, ainda que improvavelmente; nas ruas de Nova York entre East Side e Catskills, dos parques e praias às marchas feministas. Embora o editor Miller fornecesse as idéias e o texto para a tira, o desenho de Zagat demonstrava uma sensibilidade pelas personagens e pelos cenários judaicos desaparecidos desde Hershfield e outros criadores de figuras judaicas dos quadrinhos da imprensa anglo-americana.

"Abie, o Representante", concordam seus cronistas, divertia leitores judeus e não judeus de classe média que gostavam e compartilhavam de suas estripulias de trabalhador, cidadão e marido.

As personagens judaicas de Hershfield eram os judeus aculturados da mistura de raças, em conformidade com o ideal teuto-judaico de agir em público como "americanos" e de confinar as expressões do judaísmo ao ambiente doméstico. Essa postura evitou um envolvimento visível ou ativo dos judeus em assuntos tipicamente judaicos que chamariam a atenção, numa sociedade propensa (ao menos potencialmente) a reações anti-semitas, para sua identidade étnica ou religiosa.

Naturalmente, há outras razões pelas quais o envolvimento de Abie refletia apenas uma tímida coloração judaica: mesmo uma simples expressão ou trocadilho ídiche ou teuto-judaico, uma referência ao *matzo* (pão ázimo) ou outras questões rituais aceitas como certas para leitores judeus, requereria o tipo de explicação que uma tira pensada para um jornal de ampla circulação simplesmente não poderia perder tempo fazendo.

As personagens criadas pela imprensa ídiche habitavam um ambiente menos conscientemente judaico do que os tipos da imprensa anglo-americana, menos sujeitos aos tabus dos chargistas ou das agências de distribuição quanto a sotaques ou características referentes a imigrantes. As personagens criadas para os imigrantes de fala ídiche, inicialmente da classe trabalhadora, portanto, parecem mais etnicamente robustas, mais judaicas, mesmo quando não transcendem a farsa do gênero pastelão, que era a característica principal dos quadrinhos. Entre as personagens mais interessantes nas charges e desenhos criados por artistas para a imprensa ídiche, que atendia à primeira geração de judeus imigrantes do leste europeu, estão Berl Schliemazel (do alemão *schlimm*, má; e do hebraico *mazel*, sorte, isto é, malnascido), cujas

Fig. 2. Gimpl Beinish tenta unir uma senhorita a um mascate. A senhorita descobre que esse ramo não lhe agrada. (Do *Die Wahrheit*, 1912. Reproduzido de Ida Zagat, ed., *Drawings and Paints, Jewish Life on New York's Lower East Side*.)

Fig. 3. "Berl Schliemazel Entra no Ramo." Berl, carregando uma placa com o anúncio de um restaurante *kosher*, tenta convencer um casal de irlandeses a patrocinar seu estabelecimento, com resultados inesperados. (De *Der Tag*, 15 de fevereiro de 1915.)

aventuras inexperientes nos Estados Unidos apareceram no *Der Tag* em 1914-1915 (Fig. 3). Ou Berl Bedroom, o Pensionista; Moshe, o Senhorio: Sra. Piskl, da cidade alta; e a Sra. Yederman. As últimas são todas personagens tentadas por Miller e Zagat antes de Gimpl aparecer no *Die Wahrheit*.

Os estudos dessas personagens, vistas nas tiradas da imprensa ídiche, dão-nos versões em parte realistas e em parte fantasiosas dos humores, temores e aspirações dos imigrantes judeus da Europa Oriental que habitavam os distritos étnicos da metrópole. Esse outrora familiar comerciante já começa a se recolher a uma distância histórica sentimentalizada e ultra-simplificada. Tais estudos dificilmente alteram os contornos aceitos da história étnica social, mas os encontros das personagens das tiras com outros grupos religiosos, raciais ou nacionais, com negros e irlandeses, com mulheres e vários camaradas judeus, podem produzir resultados e conclusões inesperadas, instrutivas e, certamente, divertidas.

Fig. 4. Neste anúncio, Gimpl, o Casamenteiro, e Abie, o Representante, se unem a Charlie Chaplin (que fora liberado por seu criador para todos os ramos de negócio, incluindo tiras de jornal) para incentivar os leitores a comprar na loja de calças sob medida de Einsen.

8. O BANQUETE *TREFA*

Numa noite de quarta-feira, em 11 de julho de 1883, cerca de duzentas pessoas reuniram-se para jantar no Cincinnati Highland House, um restaurante localizado no alto de uma colina, com vista para o rio Ohio e para as colinas de Kentucky. Promovido por um grupo de judeus que preferiram permanecer anônimos, o evento pretendia homenagear os delegados do oitavo encontro anual do conselho das Congregações Hebraicas Americanas, e os primeiros-graduandos da Faculdade da União Hebraica. Entre os convidados estavam judeus instalados na classe alta de Cincinnati, como também alguns juízes e clérigos não judeus, além de professores da universidade local. O *Enquirer* descreveu a ocasião como uma "confraternização judaica"; na história judaica da América, esse se tornou conhecido como o "banquete *trefa*", um elo importante numa corrente de eventos que finalmente levou a uma ruptura entre o judaísmo conservador e o reformado.

Para relatar o que se passou naquela noite de verão, os historiadores têm se fiado nas memórias de David Philipson, um dos quatro jovens ordenados rabinos no templo da Plum Street, na tarde do mesmo dia. Em *My life as an American Jew* (publicado em 1941), o rabino Philipson recordava que após os convidados tomarem assento, fazer-se a prece, e chamarem-se os garçons para servir o primeiro prato, uma "excitação terrível" brotou entre os comensais, sentados sob as lamparinas do salão de banquetes do Highland House. "Dois rabinos levantaram-se das cadeiras e precipitaram-se sala afora. Serviram-se camarões como entrada do requintado cardápio".

De acordo com o rabino Philipson, "a ortodoxa imprensa oriental explorava as gafes do banquete *trefa* semana sim, semana não", e o fato funcionou como ponta-de-lança para o movimento que culminou na criação do Seminário Teológico Judaico da América e no estabelecimento da ala conservadora na sinagoga americana. Philipson explicou o incidente como tendo sido provocado pela falha de um merceeiro judeu em suprir uma refeição estritamente *kosher*, embora tivesse sido rigorosamente instruído nesse sentido. Isso, de modo geral, tornou-se a explicação-padrão encontrada na história-padrão do judaísmo americano.

Convencido de que o evento justificava um reexame, e não satisfeito com o fato de que um lapso ou capricho de merceeiro fosse responsável pelo "banquete *trefa*", determinei-me a juntar todos os elementos que se pudessem encontrar sobre esse jantar polêmico. No curso de minhas investigações, descobri uma versão completa do cardápio servido naquela noite. Segue abaixo o cardápio do "banquete *trefa*" exatamente como foi publicado nas páginas do *Enquirer* de Cincinnati em 12 de julho de 1883. (Conservando os erros ortográficos ou de impressão do original.)

MENU

Little Neck Clams (half shell)
Amontillado Sherry

Potages
Consommé Royal
Sauternes

Poissons
Fillet de Boef, aux Champignons
Soft-shell Crabs
a l'Amerique, Pommes Duchesse
Salade of Shrimps

St. Julien
Entree
Sweet Breads a la Monglas
Petits Pois a la Francaise
Diedescheimer

Relevee
Poulets a la Viennoise
Asperges Sauce,
Vinaigrette Pommes Pate
Roman Punch
Grenoiles a la Creme
and Cauliflower
Roti

157

Vol au Vents de Pigeons,
a la Tyrolienne
Salade de Saitue
G. H. Mumm Extra Dry

Hors D'Ouevers
Bouchies de Volaille, a la Regeurs
Olives Caviv, Sardeiles de Hollands
Brissotins au Supreme Tomatoe
Mayonaise
Sucres

Ice-Cream
Assorted and Ornamented Cakes
Entrements

Fromages Varies   Fruits Varies

Martell Cognac
Cafe Noir

Eu estava convencido da exatidão da versão
do *Enquirer* após compará-la com diversas versões
parciais do cardápio que foram publicadas nos
jornais americanos, ingleses e teuto-judaicos da
época. Minhas pesquisas ainda revelaram que o
jantar fora supervisionado por Gus Lindeman,
fornecedor de secos e molhados para o Clube Al-
lemania, cujo corpo social se compunha dos mais
afortunados judeus alemães de Cincinnati – entre
eles, os que organizaram e pagaram pelo jantar no
Highland House.

O cardápio indica que os mariscos e não os
camarões, como acreditava Philipson, visavam antes de tudo ofender os comensais que guardavam
o *kashruth*. E os mariscos não constituíam a única
violação do *kashruth*: o cardápio incluía siris fres-
cos, salada de camarões, pernas de rã e sobreme-
sas *milchig* (sorvetes e queijos sortidos) servidas

158

após a refeição. Até um conhecimento superficial do que os hoteleiros chamam de "processos de alimentação em massa" convenceria qualquer um de que esse desfile de pratos ritualmente proibidos num jantar de importância cerimonial não era simplesmente o resultado de um equívoco de merceeiro.

Se não foi, como se explica o "banquete *trefa*"? A investigação, inevitavelmente, leva às palavras e feitos do rabino Isaac M. Wise, que na época era presidente da Faculdade da União Hebraica e, de acordo com seus detratores contemporâneos, o "papa" do Judaísmo Reformado Americano. O jantar no Highland House certamente forneceu elementos para o ataque, feito por rabinos de tendência conservadora, de que Wise encorajava a revogação de observâncias tradicionais[1]. Devo, portanto, enfatizar que não encontrei qualquer evidência que demonstrasse ter o rabino Wise conhecimento prévio dos planos do Comitê de Banquetes de Cincinnati para servir comida *trefa*. Inclusive, é razoável presumir que Wise fosse também um bom político e organizador, de modo a não justificar planos claramente traçados para ofender os elementos de influência ortodoxa que se encontravam entre os membros da União das Congregações Hebraicas Americanas e os mantenedores da Faculdade da União Hebraica. Minha conclusão pessoal é que o banquete *trefa* foi deliberadamente organizado, provavelmente sem o conhecimento do rabino Wise, por algum de seus simpatizantes entre os negociantes de Cincinnati.

---

1. Sobre isso, ver *The Emergence of Conservative Judaism*, de Moshe Davis, 1963.

Mas não se pode deixar as coisas assim. O fato é que, soubesse ou não dos planos do comitê (e ele negou qualquer conhecimento), Isaac M. Wise recusou-se a reprovar o que fora uma afronta inquestionável às suscetibilidades dos convidados que respeitavam o *kashruth*. Não obstante, nos meses que se seguiram ao jantar no Highland House, Wise passou de uma defesa tímida dos anfitriões anônimos a um ataque enérgico à prática do *kashruth* como tal. Sua reação ao "banquete *trefa*" constitui uma parte essencial dessa história e merece maior atenção.

A primeira reação do rabino Wise foi declarar tanto o encontro do conselho quanto o jantar um sucesso inqualificado. Ele se expressou dessa forma em dois semanários editados por ele: o *American Israelite* e o teutófono *Die Deborah*. (Ambos dão evidência à sua opinião e às opiniões de seus simpatizantes; um estudo do *Die Deborah* é especialmente revelador, dado o hábito de Wise em tratá-lo como seu porta-voz pessoal e, portanto, limitando-se menos do que em seu equivalente anglófono[2].)

Logo tornou-se evidente, entretanto, que a questão não ficaria nisso. Uma das primeiras ameaças públicas de que a harmonia dos processos de Cincinnati fora arruinada pelo "banquete *trefa*" apareceu no "noticiário religioso" do *Herald* de Nova York em 22 de julho de 1883. Um texto anônimo, assinado "Plataforma Histórica", lamentava o fato de que os encontros de Cincinnati pouco realizavam além de promover fraternidade, que

---

2. Essa tendência foi analisada num excelente artigo do professor Joseph Gutman, "Watchman on the American Rhine: New Light on Isaac M. Wise", na edição de outubro de 1958 do *American Jewish Archives*.

a Faculdade da União Hebraica não preparava seus estudantes de forma satisfatória para ingressar no rabinato, e que os "rabinos e leigos, reunidos por interesses judaicos, ao invés de se levantarem em uníssono e deixarem o salão, sentaram-se e participaram de um jantar *trefa*". Subseqüentemente, o *Jewish Record* de Filadélfia e o *American Hebrew* também levantaram a questão.

Quando seus críticos orientais começaram a exigir uma explicação e um pedido de desculpas quanto ao caso do Highland House, Wise pediu para ser dispensado de maiores discussões. No *American Israelite* de 3 de agosto de 1883, Wise escreveu que não desejava "depreciar um número de cavalheiros generosos e hospitaleiros" por causa dos erros de seu merceeiro, e pediu a seus críticos que se recordassem que a religião dos hebreus americanos não "se resume a cozinha e estômago". Wise concluiu:

> O fato é que o cozinheiro-chefe em questão, ele próprio judeu, de cabelos tintos, foi ali colocado para pôr diante dos convidados uma refeição *kosher*. Assim se entendeu em toda Cincinnati, e não se sabe por que o cardápio foi variado com multípedes e bivalves. Se alguém do comitê lhe passou tais instruções, elas são de responsabilidade daqueles que as designaram, não nossa, não de qualquer jornal, não das Congregações Hebraicas Americanas, nós não tivemos qualquer relação com a hospitalidade dada aos convidados ligados ao conselho.

Tal explicação inevitavelmente não conseguiu conciliar seus críticos. Duas semanas depois, Wise reconheceria no *Die Deborah* que "devido ao fato de o Comitê de Banquetes de Cincinnati ter permitido serviram-se alguns pratos proibidos pela lei ritual judaica", os que defendem *idéias* liberais causam agora "um grande estardalhaço", porque "idéias liberais apelam à razão", mas "*ações* liberais entram em conflito com preconceitos irracionais".

Na opinião de Wise, o caso do "banquete *trefa*" foi meramente um pretexto para atacar a Faculdade da União Hebraica e a União das Congregações Hebraicas Americanas. Em resposta ao que considerou o problema real, Wise logo abandonou a discussão sobre o equívoco de um merceeiro, e transformou o jantar no Highland House, primeiro, num caso-teste de convicções liberais e, gradualmente, num ato de afirmação do "novo" judaísmo. Assim, no *Die Deborah* de 2 de novembro de 1883, Wise insistia em que maiores explicações sobre o "banquete *trefa*" eram desnecessárias porque a grande maioria dos judeus americanos era indiferente às leis alimentares, e porque os hábitos dos judeus ortodoxos depreciavam o judaísmo em público.

A exposição mais sincera desse ponto de vista veio do correspondente em Denver do *Die Deborah*, um rabino Schreiber, que o conjugou a um ataque severo aos "inimigos secretos e declarados" de Wise, da Faculdade e da União. Schreiber descreveu os críticos de Wise como "fanáticos ignorantes", e o jantar em Cincinnati como uma ocasião adequada para declarar "pública e enfaticamente" que "o judaísmo de cozinha" deveria se relegar "aos velhos gabinetes a que pertence". Por que uma dúzia de homens cuja religião dependia da abstenção de ostras e lagostas deveria decidir o que outros, que gostavam desses pratos, deveriam comer? Quem os forçava a comer pratos *trefa* quando se dispunha de tanta boa comida *kosher*? A "fraude" das leis alimentares deve acabar, pois "promovem o tribalismo, a exclusividade judaica e até mesmo o fanatismo", e tornam o judaísmo "ridículo, liliputiano e humilhante".

O contra-ataque também não se limitou às palavras. Quando os Filhos Livres de Israel, uma ordem fraternal, se reuniram para uma convenção semanal em Cincinnati, em março de 1884, cerca de quinhentos delegados congregaram-se no Eureka Hall, para um jantar organizado por Gus Lindeman, cuja popularidade não diminuíra com seu "erro" anterior. O rabino Wise, membro da ordem, reproduziu o cardápio completo no *American Israelite* e observou que o mesmo fora "impresso em rolo de seda, similar em forma àquele sobre o qual se escreve a lei judaica". Lembrava aos leitores do *Die Deborah* que tudo o que se consumira no Eureka Hall era *kosher*, "com exceção das ostras". No mesmo mês, a Grande Loja nº 4 da Kesher Shel Barzel, outra ordem fraternal, reuniu-se em Cleveland e ceou ostras, lagostas e guloseimas similares. Continuando com sua ofensiva, o *Israelite* publicou novamente esse cardápio, e lembrava a seus leitores que não fora por *acidente* que membros de ambas as ordens consumiram ostras em meia concha.

Ebn Samiel, o correspondente em Chicago do *Israelite*, prognosticou que as porções de ostras em Cincinnati se tornariam "[...] sem dúvida, uma ocasião para novos ataques" contra o presidente da Faculdade da União Hebraica. Em nome dos judeus de Chicago, ofereceu-se para assumir a responsabilidade por esse "segundo pecado mortal contra o estômago judaico", baseado em que o presidente da convenção era de Chicago, e os judeus de Chicago foram os primeiros a realizar convenções judaicas em hotéis não judaicos. Por que fingir obediência às leis alimentares em público, se ninguém as observava na vida privada? "O novo judaísmo tem o direito de se defender", concluía. "E na grande publicidade de tais ocasiões, queremos mostrar a cara."

Em abril de 1884, a discussão entre Wise e seus críticos levou à sua desaprovação pela Congregação Rodef Sholem de Filadélfia. Um "memorial", acatado numa reunião geral e remetido à junta executiva da União das Congregações Hebraicas Americanas, acusava-o de carecer de "erudição séria, dignidade e respeito pelo valor e trabalho do próximo", e defendia que suas declarações públicas como presidente da Faculdade Hebraica Americana davam "base a preocupações quanto ao exemplo passado a seus alunos para o ministério". A acusação provocou um editorial do *American Israelite* em 27 de julho de 1883 – sobre o "banquete *trefa*" – e opunha-se ao "baixo nível" dos comentários de Wise sobre rabinos e a imprensa judaica.

Posteriormente, os ataques se referiam a um comitê de cinco pessoas, designadas pela União das Congregações Hebraicas Americanas. O comitê repudiava as reclamações como uma tentativa de censura à prosa "forçosa e vigorosa" de um jornalista, e prestigiava Wise ao notar que sua obra lhe propiciava o mais afetuoso apoio, alta estima e respeito pessoal. Embora o editor do *American Hebrew* (18 de julho de 1884) classificasse o relato do comitê como uma "repintura" de Wise, o último informava aos leitores do *Die Deborah* que a "cruzada" contra ele resultara em sua exoneração. De fato, o cisma entre Wise e seus críticos não foi resolvido com sua "exoneração". Com relação a isso, basta citar três datas importantes no registro histórico: em 1885, um grupo de rabinos da Reforma Oriental reuniu-se em Petersburgo e desafiou, com sucesso, a liderança de Wise; em 1887, criava-se a Conferência Central de Rabinos Americanos, uma organização de rabinos conservadores da Reforma.

Tais, portanto, foram os efeitos resultantes do "banquete *trefa*". Voltando ao evento propriamente dito, deve-se observar que a rixa rancorosa quanto à observância das leis alimentares ocorreu numa época em que muitos judeus americanos já não guardavam o *kashruth*. Entre outras coisas, o jantar no Highland House é a expressão quase perfeita das tendências de assimilação entre os judeus americanos do século XIX, especialmente entre os judeus alemães. A propensão dos membros do Comitê de Banquetes em observar conformidade às normas não judaicas como uma virtude inquestionável era tão forte que eles escolheram deliberadamente causar um problema ao servirem comida *trefa* em público. Deve-se admitir que a escolha refletiu um bom plano de consciência sociológica, pois a opção por costumes culinários da maioria cultural sempre foi um dos primeiros e mais significativos meios de assimilação de grupos minoritários. Por outro lado, a conservação de preferências e proibições alimentares continua ainda hoje a fornecer indícios imediatos do grau de pluralismo cultural que se encontra na cena americana.

Apesar de todos os seus anseios por assimilação, os judeus ricos de Cincinnati, que organizaram o jantar no Highland House, optaram por continuar judeus. Entretanto, precisavam de uma justificativa teológica apropriada para desconsiderar o *kashruth*, e foi precisamente o que o rabino Wise lhes proporcionou. Um de seus biógrafos concluiu que o método de interpretação de Wise para o Pentateuco provavelmente deu sanção a tudo o que se desejasse advogar a respeito das leis alimentares. De acordo com essa abordagem, as ostras, aparentemente o prato sofisticado dos judeus americanos reformados do século XIX (hoje substituído pelo coquetel de camarão), podem ser (como foram) comprovadas tanto como *kosher* quanto como *trefa* pelo rabino Wise em épocas diferentes de sua longa carreira[3].

Os próprios motivos do rabino Wise em tudo isso não são claros. Ele próprio continuou a observar o *kashruth*, e não se sabe se aprovava os atos de seus congregados ou se simplesmente se sentiu forçado a defender seus empregadores. O que está claro, todavia, é que Wise empregou seus consideráveis talentos para produzir uma racionalização para aqueles que consideravam o *kashruth* uma forma de opressão. Desse modo, no final de uma série de conferências sobre "Leis Dietéticas e Medidas Sanitárias", em 1883, Wise dizia:

Quem quer que pretenda ser mais consciente nessa questão, e circundar essas leis mosaicas com "cercas" rabínicas, estará certamente agindo bem se for consciente nessa questão e pensar que faz tudo isso para louvar a Deus, e obedecer as suas leis. Mas quem não se submeter a todos esses rituais, e for guiado pelas simples instruções de Moisés nessa questão, não será certamente um pecador, e poderá ser um verdadeiro e fiel filho ou filha do pacto. Há uma lei que se põe acima de todas as leis alimentares, e que é "não seja fanático", que traduzida para nossa linguagem soaria mais ou menos assim: "Seja inteligente, e permita que sua razão governe suas paixões, propensões e superstições".

3. Ver D. Wilanski, *Sinai to Cincinnati*, 1937.

Um estudo do "banquete *trefa*" leva inevitavelmente a um retrato um tanto adulterado do rabino Wise, que até agora foi tido como um reformador *moderado*. Ao menos nesse assunto, Wise lutou teimosa e diplomaticamente, e com um zelo aparentemente fora de proporções para a causa em questão. Seus editoriais revelam um homem que aparentemente não compreendia nem se preocupava em compreender a força das práticas tradicionais de seus camaradas judeus, um zeloso reformador doutrinário interessado em alinhar o judaísmo aos costumes americanos, e aparentemente cego para o fato de que ataques a hábitos e preferências alheias são próprios para gerar controvérsias que apelos à razão não podem resolver.

Tudo isso aconteceu há muito tempo, como esclarece o incidente seguinte. Em março de 1965, apresentei um documento sobre o "banquete *trefa*" no 63º Encontro Anual da Sociedade Histórica Judaica Americana, em Cincinnati. Cumprimentando os delegados num jantar de confraternização, o Dr. Nelson Glueck, presidente da Faculdade da União Hebraica – Instituto Judaico de Religião, comentou que o repasto que estava para ser servido, embora contratado, era estritamente *kosher*. Mudam os tempos – como também muda o judaísmo reformado.

9. SOCIEDADES HISTÓRICAS DE IMIGRANTES

As primeiras se fundaram entre a década de 1880 e as primeiras décadas deste século, antes de cessar a migração de massa da década de 1920, visando modificar e contrabalancear as narrativas e interpretações históricas de orientação anglo-americana, comuns em livros, artigos e discursos daquela época. Organizados principalmente por suecos (1888), irlandês-escoceses (1889), judeus (1892), irlandeses (1897) e alemães (1901) de primeira e segunda gerações nos Estados Unidos, esses grupos pretendiam documentar e publicar a participação positiva de cada grupo no desenvolvimento e colonização da nação a fim de reduzir a então predominante ênfase anglo-americana e protestante da história dos Estados Unidos, con-

169

jugada ocasionalmente com expressões de desdém pelos recém-chegados, imigrantes não anglo-saxões da Europa Oriental e meridional e da Ásia. Em retrospecto, porta-vozes e escritores das sociedades históricas imigrantes estavam entre os primeiros a desafiar o rótulo anglo-protestante da história americana que não foi decisivamente revisado, ou totalmente abandonado, até a década de 1960.

Muitos historiadores profissionais associam essas organizações nacionais, especialmente a Sociedade Escocês-Irlandesa da América e a Sociedade Histórica Irlandês-Americana, com excessos *filiopietísticos* e com a utilização do passado com propósito de autoglorificação. Justifica-se esse ataque quando aplicado ao sumário dos dez volumes de *Proceedings of the Scotch-Irish Society*. Os trinta e dois volumes do *The Journal of the American Irish Historical Society* são menos suspeitos, mas também refletem o desejo dos membros da sociedade em rebater calúnias lançadas contra os irlandeses, defender a honra dos irlandês-americanos, e confundir as categorias de escocês-irlandeses. Minha definição, de certa forma arbitrariamente, exclui as sociedades norte-americanas locais ou regionais organizadas pelas primeiras gerações de imigrantes para coletar e registrar tradições e memórias ancestrais; organizações que geralmente alcançavam altos padrões de mérito histórico e literário em suas publicações, isto é, *Der Deutsche Pionier*, publicado na década de 1880 em Cincinnati, Ohio. E excluo as antigas corporações regionais e estaduais americanas como a Sociedade Histórica de Massachusetts, fundada em 1791. Embora enfatizassem antecedentes ingleses, orgulho dos ancestrais comuns e as façanhas dos antepassados imigrantes, os membros da sociedade preferiam falar mais de colonizadores e pioneiros a falar de imigrantes, quando recordavam as experiências de seus ancestrais. ("Emigrante" era o termo comum do século XVIII para descrever os que *deixavam* um país estrangeiro para se estabelecer na América do Norte. Foi substituído gradualmente por "imigrante" – às vezes por "refugiado" – para enfatizar os que *chegavam* aos Estados Unidos. Mas a distinção cai por terra ao ser aplicada a grupos reais de pessoas: alguns colonos foram levados à pobreza e perseguição; alguns imigrantes não vieram em fuga, mas com expectativas de uma vida melhor no Novo Mundo.)

Além de rejeitar as pretensões de superioridade dos princípios morais e políticos dos anglo-saxões (e por vezes dos alemães), as sociedades históricas imigrantes ressaltavam as contribuições de seus grupos étnicos para a nação em tempos de paz e de guerra. Esse conceito, hoje de certa forma gasto, de "contribuições", quase invariavelmente acentuava os pontos positivos: os irlandeses, os judeus, os alemães, como guerreiros valorosos, financistas generosos, príncipes comerciantes; e omitiam os pontos negativos: imigrantes criminosos, prostitutas, sindicalistas (um mundo sujo na década de 1890), rebeldes ou radicais.

Evidentemente, esse registro de "contribuições" imigrantes foi complicado numa época em que renomados cientistas sociais, historiadores e figuras públicas discutiam com seriedade o "valor" dos vários grupos nacionais, raciais e religiosos na sociedade americana e no seu futuro. Dessa forma, a descoberta de um católico irlandês que tenha sofrido com o exército de Washington no

Valley Forge, ou melhor ainda, que tenha acompanhado Colombo em sua primeira viagem, de um alfaiate judeu que tenha se tornado defensor dos índios, ou outro alemão que tenha se ferido nas tropas do general Siegel, não significa apenas uma adição para uma revisão mais ecumênica e menos anglo-protestante da história americana, mas uma vantagem no contínuo debate sobre restrições a imigrantes e as proporções ideais para as múltiplas cidadanias do "caldeirão de raças" da América.

Mais antigas, por vezes, as sociedades históricas americanas regionais ou estaduais incluíam qualificações hereditárias para os associados. As sociedades históricas imigrantes também tinham suas preferências étnicas e religiosas. Algumas eram ávidas em opor os agrupamentos de seus membros e compatriotas mais assimilados e mais bem estabelecidos com recém-chegados menos afortunados (considerados por alguns americanos como menos desejáveis), ligados a eles por laços geográficos, lingüísticos ou religiosos, mas com convicções político-religiosas e costumes sociais divergentes e, via de regra, conflitantes. Por exemplo, historiadores da Sociedade Escocês-Irlandesa da América afirmavam haver "irlandeses e irlandeses", pelo que se pretendia o irlandês "verde" ou "papista" um elemento claramente menos responsável e menos precioso do que o *orange*, o digno protestante chamado de escocês-irlandês.

Os judeus alemães americanizados que organizaram a Sociedade Histórica Judaico-Americana se irritavam ao ser comparados aos judeus "estrangeiros" e idichófonos da Europa Oriental que chegavam em grande número na década de 1890.

A Sociedade Histórica Irlandês-Americana, reagindo ao hostil anticatolicismo da década de 1890, a exemplo da organização da Sociedade Histórica Judaico-Americana em reação à crescente onda de anti-semitismo, não perdia a oportunidade de castigar os (protestantes) escocês-irlandeses e outros detratores de sua "raça" irlandesa.

Uma outra categoria, mais numerosa e diversificada de sociedades históricas imigrantes, obteve apoio inicial, embora não exclusivo, de sábios, profissionais e professores de educação universitária. Emergindo após a Segunda Guerra Mundial, essas sociedades estavam geralmente ligadas a faculdades e universidades, ou eram dirigidas por instituições acadêmicas, adotavam padrões de historiografia mais elevados e uma abordagem menos paroquial da pesquisa e da obra que promoviam. Algumas, entre as quais o Centro de Estudos Migratórios, a Sociedade de História Imigrante, o Centro de Pesquisa Histórica de Imigração e o Instituto Balch de Estudos Étnicos, embora focando inicialmente estudos imigratórios, também atendem a um corpo de associados com interesses ligados a um número de grupos imigrantes e promovem conferências e exposições sobre migração e sobre a vida étnica e minoritária. Com exceção da Associação Histórica Norueguês-Americana, fundada em 1925, essas associações datam em grande parte da década de 1960 e das décadas seguintes. Surgiram numa época em que conferências, cursos superiores, departamentos universitários de estudos étnicos, novos meios de referência, novos periódicos sociológicos e históricos voltados a estudos étnicos proliferavam como resultado de uma profunda reorientação na

173

sociedade comum, a envolver questões de raça, etnias e direitos de minorias.

O tumulto, que eventualmente redirecionava o ensinamento e a escrita da história americana em escolas e faculdades, exalava dos direitos civis e dos movimentos do Poder Negro e suas repercussões entre outros grupos étnicos. Era também alimentado pela entrada em faculdades mais elevadas de filhos e netos de "novos" imigrantes: judeus, eslavos, italianos, asiáticos e hispânicos, e outras minorias até aqui excluídas, muitos dos quais se tornaram os primeiros membros de suas famílias a alcançar a universidade, por vezes com o auxílio da Declaração Geral de Direitos. Além disso, o tumulto foi energizado pela injeção de fundos de fontes públicas e fundações privadas. Em 1973, o Congresso autorizou o programa dos Estudos de Herança Étnica, do Departamento de Educação dos Estados Unidos, imprimindo assim um selo governamental de aprovação no que os críticos da mistura de raças chamavam de "o novo pluralismo étnico". Pela primeira vez, muitos "étnicos" agora questionavam abertamente a tacitamente aceita filosofia da angloconformidade que governava a maioria das discussões sobre a cidadania americana. Na arte, política e educação, sondava-se o significado de nacionalidade e comunidade americana, examinavam-se e encontravam-se aspectos esquecidos ou reprimidos da herança do imigrante, não se querendo ou mesmo valendo a pena reviver ou recordar. Era uma boa época para lançar muitas perguntas relacionadas à natureza, origem e persistência da experiência do imigrante, para responder a convites públicos e privados, para dar apoio a "centros" de pesquisas e projetos de orientação étnica em faculdades e universidades, e para organizar sociedades históricas étnicas para a exploração dos processos migratórios e da história étnica ou do imigrante através de perspectivas comparativas e mais vastas ou enfocadas num grupo em particular. Entre essas novas instituições estavam o Centro de Estudos Migratórios de Staten Island, Nova York; o Centro de Pesquisa da História da Imigração, da Universidade de Minnesota; o Instituto Balch de Estudos Étnicos, de Filadélfia; e o Centro de Estudos Asiáticos, da Universidade da Califórnia, em Los Angeles. Em adição, muitos centros menores diziam ocupavam-se com a história e a sociologia de um grupo étnico e imigrante em particular, desde um Centro de Estudos Bascos, da Universidade de Nevada, em Reno, ao Centro de Pesquisas Eslovenas, da Universidade Estadual de Kent, Ohio, os Arquivos Judaicos Americanos, em Cincinnati, Ohio, e os Arquivos Históricos Finlandês-Americanos, da Faculdade Suomi, em Hancock, Michigan.

Organizações sobreviventes das primeiras sociedades históricas de imigrantes fundadas antes da Primeira Guerra Mundial assumiram uma nova função na vida. A Sociedade Histórica Judaico-Americana tirou sua biblioteca dos caixotes e encontrou domicílio permanente na Universidade Brandeis. (As Sociedades Teuto-Americana e Escocês-Irlandesa estavam extintas; a Sociedade Histórica Irlandês-Americana, funcionando principalmente como clube social, mantinha prédio e biblioteca na cidade de Nova York.) Criaram-se novas organizações para explicar e registrar a história, sociologia e cultura étnica e imigrante; muitas para fornecer nomes e descrições de todas.

175

A Sociedade da História da Imigração, fundada em 1965 com mais de setecentos filiados, a metade dos quais são instituições, de várias disciplinas e países, distribui um *Newsletter* semestral, patrocina o *Journal of American Ethnic History*, organiza sessões de programas em reuniões das sociedades estudadas.

O Instituto Polonês de Artes e Ciências da América, fundado em 1941, a Fundação Kosciusko, e a Sociedade Polaco-Americana, com sede no Seminário Polonês, em Orchard Lake, Michigan, relataram a experiência polaco-americana. Utilizam-se estudos irlandeses e americano-irlandeses para as atividades de um Comitê Americano para Estudos Irlandeses, existente há mais de uma década. Organizações similares atendem aos interesses de ítalo-americanos, teuto-americanos e de outras nacionalidades ou grupos étnicos. Além da fronteira norte, uma Associação Canadense de Estudos Étnicos e o Instituto Multicultural de Ontário dedicam-se a programas de pesquisa ativa e de publicação. Além de um Anuário Teuto-Americano, há boletins de organizações, como a Associação de Estudos Eslovacos e a Sociedade Histórica Suíço-Americana. Muitas, embora nem todas, dessas organizações e respectivas publicações podem ser encontradas no *Dictionary of Historical Society*, na bibliografia anexa.

As sociedades históricas de imigrantes organizadas por alemães, irlandeses, escocês-irlandeses e judeus entre 1889 e 1901 entraram em decadência em virtude do definhamento da consciência étnica e da conseqüente redução do apoio financeiro das elites étnicas, do clima contra estrangeiros da Primeira Guerra Mundial e do surgimento de agências de defesa e propaganda, especializadas em antidifamações etnorreligiosas. Outro fator importante foi a crescente profissionalização do conhecimento histórico, auxiliado paradoxalmente pelacriação de novas sociedades étnicas e imigrantes com reivindicações menos estridentes e a revitalização das mais antigas que ainda existiam. Como partidos políticos menores, essas primeiras associações históricas de imigrantes desapareceram ou se transformaram de sociedades desgarradas em organizações de tendência dominante, uma vez que suas reivindicações menos extravagantes foram absorvidas pelo campo da sociedade americana. Sua historiografia era merecidamente suspeita de reivindicação acríticas, parcialidade e linguagem bombástica. Ainda assim, seus registros e procedimentos continuam instrutivos não apenas pelo que narram da experiência americana de seus grupos, mas pelo que revelam das ansiedades de seus membros e organizadores, sua preferência por argumentos mais sentimentais do que intelectuais, sua parcialidade ao utilizar religião e nacionalidade como verdadeiras muletas de "valor", sua ânsia em criar um panteão de heróis étnicos rigorosamente integrados aos ícones e figuras dominantes na história americana do período colonial e do início da república.

Apesar de seu campeonato de ambientalismo sobre a hereditariedade, os escritos de suas publicações fortaleceram as noções de identidade étnica e racial separada de vários grupos imigrantes ao associar suas "contribuições" com qualidades de "raça". Inadvertidamente, eles repetiam e provavelmente reforçaram a ênfase da história escolar e "pública" ao favorecer o soldado branco, político e homem auto-realizado, em detrimento do trabalhador, inconformado, rebelde, radical e agricultor – ou da mulher e americanos "de cor" de vários matizes.

Finalmente, uns poucos comentários à aplicabilidade da Lei de Hansen para a fundação de sociedades históricas de imigrantes. Em 1937, Marcus Lee Hansen, um grande historiador da imigração em sua região, pronunciou na Sociedade Histórica Sueco-Augustana uma assembléia de leigos, não de historiadores, interessada na preservação das tradições e da identidade sueco-americanas, um discurso intitulado "O Problema da Terceira Geração de Imigrantes". Hansen disse a seus ouvintes que a intenção deles em patrocinar uma sociedade histórica provava "que aquilo que a segunda geração pretendia esquecer, a terceira (os netos dos imigrantes) pretende recordar". Essa tendência, acrescenta, podia ser ilustrada por exemplos tomados das experiências de vários grupos.

Após a morte prematura de Hansen, em 1938, essa generalização foi elevada, na década de 1950, a Lei de Hansen por acadêmicos especialistas em estudos étnicos e de imigração. Como uma receita esquemática para explicar a fundação de sociedades de imigrantes, a Lei de Hansen foi julgada insuficiente por muitos investigadores que testaram a validade da evidência citada. Os fundadores das primeiras sociedades de imigrantes se inspiraram numa série de motivos, entre os quais insegurança ("expectativa de *status*") e o desejo de posicionar seu grupo no ângulo mais favorável possível diante do alegado ou real denegrimento de outros historiadores, representados como um papel importante, talvez mais decisivo do que o desejo de recordar e perpetuar as memórias do passado de seus pais e avós e sua herança étnica.

Se um "retorno" da terceira geração à etnicidade rejeitada pela segunda não conta para a fundação das primeiras sociedades históricas de imigrantes, os impulsos que levam à formação das atuais são igualmente problemáticos. Nem historiadores nem cientistas sociais concordam no que a "nova" etnicidade, "simbólica" ou "emergente" representa e pressagia. Contudo, o trabalho de Hansen continua precioso por sua sensibilidade aos conflitos brotados entre imigrantes e seus filhos e a variedade do que se deva chamar de etnicidade em todas as suas sombras para as circunstâncias que cercam e condicionam sua expressão. Essa observação compreensiva, se elevada ou não a uma "lei" histórica, certamente também se aplica a uma consideração das sociedades históricas de imigrantes.

Bibliografia

APPEL, John J. *Immigrant Historical Societies in the United States, 1880-1950*, New York, Arno Press, 1980.

BUENKER, John D. & BURCKEL, N. C. *Immigration and Ethnicity, A Guide to Information Sources*, Detroit, Gale Research Co., 1977.

HANSEN, Marcus Lee. "The Problem of the Third Generation Immigrant". Republicação do discurso de 1937, com apresentações de Peter Kivisto e Oscar Handlin, Centro Sueco Swenson de Pesquisa do Imigrante, Faculdade Augustana, Rock Island, Illinois, 1987.

McDONALD, Donna (comp.). *Directory of Historical Societies and Agencies in the U.S.A. and Canada*, Nashiville, Tennessee, Associação Americana de História Regional e Estadual, 1975.

10. CARTÕES-POSTAIS: MAIS DO QUE O SIMPLES "SAUDADES DE VOCÊ"

Os cartões-postais, criação de um professor de uma academia militar austríaca, começaram a ser impressos em 1869, em Viena. Só ganhariam popularidade como cartões *ilustrados* na década de 1890, e nos Estados Unidos somente por volta de 1900. Eles não são discutidos aqui como meio de se revitalizar a queda de matrícula no curso de história, ou como substitutos da síntese que permanece a base lógica da história acadêmica, ou porque sejam atraentes a quem se proponha seu estudo ou seu ensino. Ademais, como uma forma de arte popular e de comunicação que proliferou entre a virada do século e a Primeira Guerra Mundial, compreendendo uma grande variedade de temas e prestando-se à reconstrução e restau-

Paisagem da Estação de Como Park, em St. Paul, Minnesota; postal do início do século XX (c. de 1908). Crédito: David Husom, professor assintente de fotografia. Centro Mac Phail de Artes, Universidade de Minnesota.

Cena da Estação de Como Park em 1982, fotografada por David Husom.

ração do passado (principalmente o passado vivido por pessoas comuns em regiões e locais bem-definidos), o postal merece um lugar modesto entre as imagens pictóricas empregadas em palestras, livros, monografias e trabalhos estudantis realizados para seminários ou salas de aula.

Para estudantes interessados em fotografia, cartões que retratem cenas locais, estradas, parques, negócios e sistema de transportes alterados ou desaparecidos com o tempo, oferecem a oportunidade de se refotografar essas paisagens, comparando-as aos originais nos cartões. Esse tipo de estudo comparativo é geralmente bem-visto por jornalistas, instituições, arquitetos, sociedades históricas e preservacionistas locais. O professor David Husom, da Universidade de Minnesota, referiu-se em 1982 (no *Barr's Postcard News*) a um projeto que envolvia uma refotografação do Como Park, de St. Paul, então programado para renovação e restauração parcial. Outros começaram a refotografar cenas do Oeste, conforme registrada pela câmara de William Henry Jackson, um famoso fotógrafo do século XIX que trabalhava para a Detroit Publishing Company, um dos maiores distribuidores de postais na primeira metade do século XX.

Hoje, os cartões-postais são, via de regra, meras fotografias de locais de férias, que se remetem a parentes e amigos. No auge de sua popularidade, entre cerca de 1900 e a Primeira Guerra Mundial, os cartões-postais eram totalmente diferentes. Sua postagem era mais barata e seu custo era menor do que o de um telefonema. Postados em estações ferroviárias e em ponto de troles, eram geralmente entregues no mesmo dia, a exemplo dos telegramas. Alcançaram ainda grande popularidade por volta da virada do século graças à criação, pela Kodak Company, de um papel fotográfico em formato de cartão-postal, utilizável em sua máquina de dois dólares, a primeira câmara realmente barata e acessível a milhões de fotógrafos amadores. No processo de revelação, podia-se imprimir essas imagens diretamente sobre os postais fornecidos pela Kodak.

Milhões de cartões registraram uma grande variedade de temas. Havia cartões profissionais em que se retratavam condutores de troles, bombeiros, transportadores, telefonistas, carpinteiros e lojistas. Muitas imagens foram registradas por amadores, outras foram tomadas por profissionais especializados em cartões promocionais que traziam atores, cantores, músicos, palhaços e acrobatas. Cenas de crimes eram fotografadas por profissionais a serviço da polícia, sendo então postados para outras repartições de aplicação da lei. Como os jornais de cidades pequenas tinham poucas (quando tinham) ilustrações, os cartões fotográficos encontraram um mercado pronto para se ilustrar todo tipo de evento público: celebrações, paradas, feriados, reuniões políticas, marchas sufragistas, greves, campanhas eleitorais, desastres naturais como enchentes, incêndios e tornados, e acidentes marítimos e ferroviários. Até linchamentos eram documentados nos cartões, até o diretor-geral do correio proibir a remessa de temas tão macabros por via postal.

Os impressos postais traziam também as notícias do mundo exterior: a Guerra dos Bôeres*, a

---

* Guerra dos Bôeres, conflito entre as colônias britânicas no sul da África e os imigrantes calvinistas holandeses (bôeres) entre 1899 e 1902. As colônias britânicas eram Cabo e Natal, as bôeres eram

Guerra do México, os pugilistas em destaque, visitas de dignitários e vasos de guerra estrangeiros, rebeliões. Observam-se mudanças de modismos em cartões que retratam pessoas em balneários e parques de diversões. Durante a guerra, postais que hoje mostrariam sentimentos excessivamente moralistas eram poderosos instrumentos de propaganda.

Outros cartões pictóricos oferecem indícios de atitudes estético-sociais e de gostos populares de decoração, arte e humor. Cartões cômicos retratavam as minorias étnicas, raciais e religiosas. Seus estereótipos e caricaturas étnicas nos recordam que o humor permanece um indicador, via de regra, indiferente às noções e percepções de vários grupos, de mórmons, irlandeses, negros, índios, orientais e escoceses a camponeses, médicos, enfermeiros e sindicalistas. A representação das mulheres e as mudanças de comportamento a respeito de sexualidade, crianças, trabalho e lazer podem ser estudadas através de cartões-postais, incluindo-se os oriundos de países estrangeiros.

Uma das primeiras tentativas de se empregar postais como barômetro das mudanças sociais entre as classes operárias foi o ensaio de George Orwell, em 1941, sobre "o grande velho homem do duplo *entendre* e o velho mestre do posterior", sobre os cartões epalhafatosos comprados durante as férias na praia por operários e pela baixa classe

---

Transvaal e o Estado Livre de Orange. Ao final do conflito, os dois territórios foram incorporados ao império britânico, e hoje os quatro compõem a República da África do Sul. Os bôeres, extremamente nacionalistas, possuem idioma próprio, o africânder (corruptela do holandês com elementos do inglês, banto, malaio, português e hotentote) e sua constante política de segregação dos povos nativos tornou-se conhecida como *apartheid*.

média inglesa. A citação é de um estudo da arte de McGill por Arthur Calder-Marshall, que classifica Orwell entre os primeiros a reconhecer a importância da arte popular, incluindo-se postais ilustrados, para a revelação dos valores sociais e o alcance do que era aceitável ou engraçado. Dado o interesse atual de muitos professores de história sobre o que pensavam e sentiam homens e mulheres menos instruídos, menos favorecidos e menos organizados, esses postais cômicos devem satisfazer a quem pretenda compreender as predileções de seus compradores pelas piadas geralmente cruéis sobre solteironas predatórias, maridos bêbados e esposas escandalosas – retratados em muitos cartões.

Expressões caídas em desuso na linguagem coloquial, mas que já foram gírias populares, são por vezes representadas em cartões. Assim, a expressão *Twenty-Third Skiddoo* ("Fora da Vinte e Três"), aparentemente popularizada fora de Nova York pelo chargista T. A. Dorgan (falecido em 1929), parece ter surgido entre os "olhadores" que se congregavam na Broadway e na Twenty-Third Street, onde se encontra o Flatiron Building, no bloco triangular formado pela convergência da Fifth Avenue, Broadway, e Twenty-Third Street. Como as linhas de bonde a cavalo estavam extintas, o local era o ponto preferido para a reunião dos "olhadores", nas décadas de 1880 e 1890, que iam ver as saias sendo levantadas pelos fortes ventos que corriam em volta do edifício. Os policiais os expulsariam da Twenty-Third: *Skiddoo* ("Fora"), diriam, *Twenty-Third Skiddoo* ("Fora da Vinte e Três").

Para aqueles cujos apetites foram aguçados por essa visão geral do postal ilustrado a serviço de Clio*, há uma crescente lista de livros, artigos e dicionários para consulta. Sem dúvida, o local para começar é *Picture Postcards in the United States, 1893-1918* (Nova York, 1976), de Dorothy e George Miller. Embora essa edição esteja fora de catálogo, dispõe-se de uma edição atualizada sob o nome de Dorothy Ryan como autora.

George Miller produziu também *A Pennsylvania Album, Picture Postcards, 1900-1930* (Keystone Books, Editora da Universidade Estadual da Pensilvânia, 1979), que mostra o que se pode fazer ao se utilizar postais para documentar transportes, anúncios, negócios, agricultura, indústria, educação, religião, entretenimentos, celebrações, a chegada de imigrantes, o cinema e outros tópicos de alguma região ou Estado. O *Barr's Postcard News*, publicado em Lansing, Iowa, é um tablóide com artigos por vezes interessantes aos historiadores. Contém anúncios de vendedores, pedidos de colecionadores e leilões de vários postais ilustrados a cada edição. Os preços tendem a aumentar em relação ao geralmente cobrado nas exposições locais e pregões organizados por clubes postais de vários locais e cidades. Os clubes também publicam anúncios de suas reuniões no *Barr's*. The Gotham Book Mart and Gallery, na 41 West 47th St., New York, NY 10036, é a melhor fonte de livros e periódicos disponíveis sobre postais, incluindo-se os produzidos na Europa. Seu *Postcard Collector's Guide*, de 1981, relaciona cento e cinqüenta e sete publicações impressas, suficientes para se iniciar em "deltiologia", o termo preferido pelos aficionados para definir a arte de colecionar postais.

---

* Clio, musa da história (mitologia).

11. "EVERYBODY WORKS BUT FATHER" – TEMAS E VARIAÇÕES

O ano era 1905: o presidente Roosevelt iniciava seu segundo mandato na Casa Branca; a balsa de Staten Island começava a operar; e os irmãos Wright realizavam o primeiro vôo aéreo oficialmente observado[1], em Dayton, Ohio. Entre as canções populares, *A Woman Is Only a Woman*,

---

1. O orgulho pátrio americano insiste em identificar os irmãos Wright como os inventores da aviação, mas é voz isolada, por isso nunca se comprovou. Por outro lado, a Federação Aeronáutica Internacional, em Bruxelas, Bélgica, reconheceu Alberto Santos Dumont como o inventor da aviação.

Ademais, o próprio Museu Aeronáutico de Washington apresenta uma placa homenageando Dumont. Portanto, somente a imprensa americana e alguns de seus historiadores mais teimosos continuam a insistir nos irmãos Wright.

but a Good Cigar Is a Smoke* (letra de Harry B. Smith, música de Victor Herbert), *In My Merry Oldsmobile***, e *Will You Love Me in December as You Do in May?****, alcançaram os melhores lugares das paradas de sucessos. *"Everybody Works But Father***** (*copyright* também de 1905, letra de Jean Havez, música de Charles W. McClintock) também obteve grande popularidade em determinado período. Ao contrário do sucesso de 1917, *Over There******, não se tornou um símbolo musical de sua era, mas acima de duas dúzias de cartões-postais humorísticos entre 1905-1906, ilustrando seu tema ou parodiando variações, atestam sua popularidade.

Everybody Works But Father alcançou repercussão nacional através de Lew Dockstader (pseudônimo de Alfred Clapp) e seus parceiros caras-pretas do circuito menestrel. Caracterizado com sapatos imensamente longos e largos e com uma cauda de cerca de dez metros, os recursos palhaçais de Dockstader todavia permitiam-lhe transformar o decadente espetáculo menestrel em veículo de sátira político-social, retratando não somente estereótipos cômicos negros, mas também satirizando e esculachando tipos sociais, figuras públicas e empresários brancos.

Os postais humorísticos publicados no curto período pós-balada tornaram o já popular pai em questão a figura descrita por sua filha adulta nas letras da primeira estrofe. Ela reflete, ironicamente.

---

* *Mulher é Mulher, Charuto Bom é Fumaça.* (N. do T.)

** *No Meu Feliz Oldsmobile.* (N. do T.)

*** *Você me Amará em Dezembro como Ama em Maio?* (N. do T.)

**** *Só Papai Não Trabalha.* (N. do T.)

***** *Acolá.* (N. do T.)

Every morning at six o'clock I go to work
With overcoat buttoned round my neck
No job would I shirk.
Winter blows round my head, cutting up my face
I tell you what I'd like to have: my dear old father's place*.

Na estrofe seguinte, adiciona-se a observação
sarcástica.

A men named Work moved into town, and father heard the news,
With Work so near my father started shaking in his shoes.
When Mister Work walked by my house, he saw with great surpri-
se
My father sitting in his chair with blinders on his eyes**

Nos postais mais facilmente encontrados (como, por exemplo, na Fig. 1), representam-se as viseiras metafóricas com o pai tirando uma soneca
numa cadeira encostada à parede ou esvaziando
um copo transbordante de espuma (cerveja), enquanto sua esposa e filhos matam-se de trabalhar
sobre tinas quentes e cheias de vapor e baldes d'á-
gua fervendo no forno da cozinha.

Alguns cartões respondiam à questão por que
papai prefere se sentar, fumar, dormir, sonhar, ab-
sorver cerveja, ler jornal, ou jogar baralho; ele não
está simplesmente desempregado, ele *prefere* viver
sem trabalho e se esquiva de responsabilidade

---

* Saio para o trabalho diariamente às seis da manhã/
Com o sobretudo abotoado até o pescoço/
Eu não faltaria ao dever/
O frio me castiga a cabeça, me corta a cara/
Digo-lhe do que eu gostaria: do lugar do meu querido e velho
pai. (N. do T.)

** Um tal de Trabalho chegou à cidade e papai ficou sabendo/
com Trabalho tão próximo, papai ficou de pernas bambas/
Quando o Sr. Trabalho passava lá em casa, via surpreso/
Papai, sentado na cadeira, com viseiras nos olhos. (N. do T.)

1

2

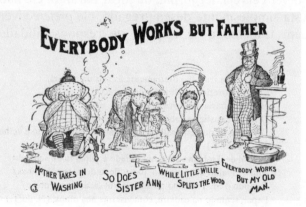

3

(Fig. 2)! De fato, ele se jacta de sua existência parasítica, recusa os trabalhos disponíveis e deixa que a esposa e os filhos assumam a responsabilidade de saldar as despesas domésticas. Ele ainda se esquiva de tarefas caseiras que exijam esforços apenas intermitentes.

A terceira estrofe descreve o pátrio poder com sua máxima hipócrita, fingindo compreender mal a cobrança de sua esposa para que ele se esforce num trabalho do qual se vangloria:

At beating carpets father said he simple was immense.
We took the parlor carpet out and hung it on the fence*.

Mas quando mamãe o chamou para

Beat it, dear, with all your might and main**.

papai, que nunca perderia a oportunidade de levar vantagem sobre a boa natureza de mamãe,

Beat it right back to the fire-side again!***

Demonstrando, evidentemente, a justiça do final do coro reproduzido nos postais humorísticos sobre uma família em cuja representação se mostravam mamãe, filha e filho se desgastando na cozinha calorenta enquanto papai se mantém em seu lugar de costume, no conforto do bar contíguo (Fig. 3).

* Pra bater tapetes papai se dizia o maior/
Levamos o tapete da sala para fora e o penduramos na cerca. (N. do T.)
** Bata-o, querido, com todas as suas forças. (N. do T.)
*** Leve isso de volta para dentro de casa! (N. do T.)

Mother takes in Washing, So Does Sister Ann.
While little Willie splits the wood
Everybody works but my Old Man*.

Quem remetia esses postais do gênero *Só Papai Não Trabalha* pensava principalmente na mensagem que traziam. Não se preocupavam propriamente com a ilustração cômica exceto que era divertida e que trazia às mentes de remetente e destinatário a canção popular. Em alguns cartões de nossa coleção, entretanto, acrescentam-se alguns detalhes, a lápis ou a tinta, às ilustrações, revelando que a imagem nem sempre era negligenciada. A ilustração tornou-se parte de algumas mensagens, e alguns remetentes devem ter sido informados dos problemas provocados por texto e imagens de *Só Papai Não Trabalha*!

Isso incluía tensões vindas de um pai desempregado ou subempregado ou, em algumas famílias, problemas ligados à relação entre o envelope de pagamento da filha e o orçamento doméstico. Nos primeiros anos de assentamento nos Estados Unidos, os rendimentos da filha eram, via de regra, necessários para socorrer as contas da família imigrante. Desde que os valores da classe média americana decretavam que a obrigação do pai consistia em ser o ganha-pão exclusivo da família, o envelope de pagamento da filha geralmente se tornava objeto de algo mais suave.

À parte esse aspecto econômico, a popularidade de *Só Papai Não Trabalha*! coincidiu com o início das mudanças de atitude a respeito da dig-

---

* Mamãe lava roupas, o mesmo faz Aninha/
Enquanto Guilherminho racha lenha/
Só meu velho não trabalha. (N. do T.)

nidade e responsabilidade paternas. Em 1905, essa mudança resultou principalmente em zombaria e irreverência bem-humorada. Por volta de 1920, isso geralmente significava rebelião total mesmo quando temperados por deferência carinhosa. Na Inglaterra, por outro lado, os cartões lançados em 1905 pela Bamforth Company, caracterizando papai a lidar desastrosamente com os filhos em casa enquanto a esposa trabalha fora (Fig. 4), coincidiram de maneira mordaz com uma onda de desemprego que resultou em tumultos nas ruas de Manchester. Já que papai não trabalhava – fosse por força própria ou alheia à sua vontade – mamãe tinha que produzir em dobro, como logo enfatizavam os maldosos cartões humorísticos.

Enquanto as palavras do coro esboçavam as característica étnicas ou nacionais de papai (seu "cachimbo de barro" é a deixa para o estereótipo irlandês, como o cachimbo de sílica o era para o imigrante alemão), os artistas que ilustravam os cartões davam corpo e contornos sólidos a papai e aos membros da família, suas ocupações e estilos de vida. Os artistas e editores que criavam e ilustravam esses postais não se inibiam em descrever estereótipos etnorraciais. Estereótipos humorísticos e por vezes humilhantes e escabrosos ainda eram comuns em todas as formas de arte popular na virada do século.

Para os observadores dessa virada do século, o papai descrito por volta de 1905 era um imigrante irlandês via de regra baseado na realidade tanto quanto na pilhéria sobre seu ambiente doméstico, transitando de "barraco" para "palacete" ou para a irlandesidade aquecida "a vapor". A filha solteira, nascida na América, não a esposa nascida na Irlanda, procurava trabalho fora de casa, como da-

Fig. 6. Neste cartão, copyright 1906, papai descansa sob uma árvore de seu jardim, indiferente ao fogo que lhe consome a casa e os esforços desvairados de sua esposa e prole para extinguir as chamas.

tilógrafa, auxiliar, estenógrafa, professora ou enfermeira.

Após 1880, principalmente nas grandes cidades, a geração de irlandeses nascidos na América vivenciou uma mobilidade econômica significativa, trocando o serviço doméstico por atividades malpagas mas mais prestigiadas, de colarinho-branco. Por volta de 1905, muitos desses filhos e filhas de imigrantes irlandeses chegaram à grande e progressista classe média irlandesa. Seus encontros com a nova realidade se refletem, de maneira talvez distorcida ou exagerada, nos postais étnicos do período, como também na famosa tira "Educando Papai" ("Maggie e Jiggs"). Esses filhos americanos de pais irlandeses tinham situação financeira notadamente melhor do que seus pais e mães, que geralmente ainda trabalhavam em ocupações servis e mal-remuneradas (Fig. 5).

Apesar de sua concentração nos níveis mais baixos da hierarquia profissional, uma grande porcentagem de famílias irlandesas detinha propriedades, pelo menos uma casa pequena ou um lote (Fig. 6), e se orgulhavam de suas posses. Pequeno para os padrões atuais, esse nível de propriedade já colocava os irlandeses diante de outros grupos de imigrantes.

Um ano depois de sua publicação de 1905, Lew Dockstader tentou capitalizar o sucesso da balada *Everybody Works But Father* com uma continuação, *Uncle Quit Work, Too** (*He Never Does a Dog Gone Thing, etc.*), mais uma vez produzida no formato de folheto musical por Helf e Hagar, com letras de Jean Havez. A capa desse folheto mostrava titio ocupando a cadeira da cozinha outrora

---

* *Tampouco Trabalha Titio (Nunca Fez Nada).* (N. do T.)

aquecida por papai, cujo retrato ("Ele É um Preguiçoso") decorava a parede. Os editores logo perceberam a ocasião para promover suas próprias caricaturas. "Só Papai Trabalha" punha-o de volta no emprego, brandindo uma picareta pesada em construções de metrôs e ferrovias, enquanto mamãe lê o romance mais recente, Aninha toca piano e Guilherme (já não tão pequeno) diverte-se numa fresca cantina (Fig. 7).

A Syndicate Publishing Company comercializou uma série de cartões (deve haver outras, mas não as encontramos), registrados em 1906 por F. I. Wetherby, "Só Papai Trabalha" descrevia-o como um colono arando seus campos enquanto sua ascendente e empenhada família reclama que ele é um pé-rapado provinciano, que não corresponde ao gosto elevado deles, que agora incorporou a moda britânica para vestuário e lazer (Fig. 8). Os outros dessa série incluem "Papai Está Trabalhando Agora" (mostrando-o a despejar cerveja e barris de uísque nos fundos de uma cantina até deixar os recipientes secos); "Todo Mundo Faz o Pobre Papai Trabalhar" (mostrando-o como um caipira rural vitimado por homens de confiança e por trapaceiros quando a caminho da cidade); e "Só Mamãe Não Vadia" (papai e filhos vadiam enquanto mamãe retorna à rotina lava-e-esfrega).

Finalmente, a coleção inclui um postal de couro (Fig. 9) que retrata papai numa cadeira de balanço, contemplando seu charuto. Próximo a seu nariz notavelmente grande e curvo, o remetente escreveu "Laborioso Izzy" e abaixo do desenho forneceu sua própria variação do verso, denominada "Trabalha todo mundo". Isso sugere que ao menos para esse correspondente a cômica ilus-

7

8

9

tração pirográfica representava o então amplamente aceito estereótipo de um mercador ou agiota judeu "que trabalha todo mundo" por uma persuasão um tanto clandestina e enganosa.

Hoje, naturalmente, as estatísticas revelam que o ideal da família de classe média do século XIX – uma família estável, com o homem como sustentáculo exclusivo – está desaparecendo gradualmente. Uma balada como *Everybody Works But Father*, portanto, perdeu sua força de impacto.

Enquanto ainda se pode rir desses menos sofisticados sentimentos ilustrados nesses cartões-postais, deve-se também reconhecer sua capacidade para servir como documentos históricos que refletem o clima social de relacionamentos familiares e as realidades econômicas da virada do século.

12. CARTÕES COMERCIAIS

Em parte rótulos de produtos e em parte "obras de arte" distribuídas, projetadas para um apelo de massa, o cartão comercial era um híbrido entre a arte popular e a arte comercial da publicidade nacional. Os cartões atraíam firmas, produtos e serviços comerciais no crescente mercado consumista pós-Guerra Civil, alcançando o auge da popularidade nas décadas de 1880 e 1890. Tornaram-se obsoletos na virada do século, quando os anunciantes começaram a utilizar revistas de circulação nacional para atingir audiências selecionadas com mensagens promocionais mais objetivamente dirigidas. Quando os cartões comerciais estavam no auge de sua popularidade, os fabricantes de bens de consumo, de charutos e cigarros a lustra-móveis e café, de remédios patenteados a fibra de algodão, incluíam-nos como prêmios em produtos empacotados ou os postavam e davam para conquistar freguesia e atrair consumidores.

Varejistas adquiriam os cartões e apunham sua marca, nome e endereço comercial sobre a ilustração ou logo abaixo, ou forneciam no verso uma descrição completa dos bens e serviços que ofereciam. A gráfica Boston, de J. H. Bufford Sons, anunciando numa edição de 1876 do *Harper's Weekly*, oferecia grandes comissões a representantes que vendessem sua linha de "cartões ilustrados e coloridos". Muitos dos cartões sobreviventes oferecidos ao colecionador de hoje são exemplares de jogos de amostras de tais representantes.

Os cartões comerciais seriam mais propriamente chamados de cartões *publicitários*, já que promoviam mais marcas ou produtos do que comércios associados e seus distribuidores. Seu nome deriva dos antigos cartões do século XVIII, utilizados por comerciantes e lojistas ingleses, americanos e europeus para anunciar seus objetivos. Eram geralmente enfeitados com margens elaboradas e mostravam o emblema sobre a porta da loja ou um símbolo associado com o comércio. Na Inglaterra, o pintor-chargista Hogarth estava entre os que elaboravam cartões comerciais.

Os primeiros cartões americanos conhecidos datam da década de 1730, mas a massa dos cartões remanescentes, os que interessam neste estudo, foi produzida após 1870. Esses produzidos após 1870, década caracterizada por um de seus críticos como "civilização do cromo", são, regra geral, obras-primas da arte litográfica. Eram geralmente emitidos em coleções, algumas incluindo cinqüenta peças. Chamavam a atenção e proporcionavam a identificação dos produtos nacionalmente comercializados. Crianças e adultos admiravam-nos, negociavam-nos e colecionavam-nos em álguns.

Muitos cartões comerciais refletiam as percepções amplamente refletidas dos grupos etnorraciais durante os anos de pico da "velha" imigração da Europa Ocidental e setentrional e na investida da "nova" imigração da Europa Oriental e meridional. Alguns cartões refletem os conceitos racistas inerentes à aprovação do primeiro Decreto de Expulsão Chinesa (1882) e à promulgação da lei de segregação negra "Jim Crown".

Os desenhos evoluíram de ilustrações simples, cruas e monocromáticas em cartões tamanho porta-notas para desenhos em tamanho cartão-postal e maiores, em vibrantes cores brilhantes e por vezes vistosas. Muitos cartões são um tanto floridos para os padrões atuais, alguns incorporando severos estilos tipográficos, com as palavras geralmente menos significativas para o observador de hoje do que os desenhos altamente estilizados. Além dos cartões geralmente achatados e retangulares, havia ainda pequenos panfletos mecânicos conhecidos como cartões metamórficos, cujas personagens se moviam em forma ascendente.

As crianças trocavam e colecionavam avidamente figuras de beisebol e outros desportos que ilustravam pequenos cartões inseridos aos milhões nos pacotes das companhias de tabaco e cigarros. Um cartão de tabaco que anuncia a "mistura do duque" caracterizava uma cena doméstica humorística na qual uma dona de casa irlandesa ameaçava o marido (no dialeto zombeteiro) com uma surra, se ele se atrevesse a fumar qualquer outra coisa que não a "mistura do duque" (Fig. 1).

Companhias de sabão preferiam cartões que exibiam chineses de lavanderia usando "rabichos" (tranças), que eram ao mesmo tempo astutos e ingênuos (Fig. 2). Outras, como a Lautz Brothers, mostravam um bebê negro tornando-se branco graças às poderosas propriedades limpadoras de seu sabão (Fig. 3). Os fabricantes do verniz Dixon invertiam o processo, mostrando crianças brancas adquirindo imediatamente a cor de suas dedicadas babás negras graças à simples aplicação de sua superior pasta enegrecedora (Fig. 4). A carne enlatada da Wilson Packing Company produziu uma série com mais de trinta cartões, caracterizando árabes, índios, negros, alemães, russos, franceses, escoceses, galeses e outros, todos numa espécie de mistura de imagens românticas, engraçadas, tristes e espantosas do gênero "acredite se quiser" (Fig. 5).

William G. McLaughlin, um dos primeiros historiadores a dirigir um olhar inquiridor aos cartões comerciais como espelhos dos preconceitos e atitudes sociais (numa edição de 1967 do *American Heritage*), caracterizou a representação de estrangeiros e raças nativas nos cartões como uma "embaraçosa expressão de nossa adolescência nacional". Ainda, esse ridículo de vários grupos étnicos, embora por vezes grosseiro, quase sempre condescendente e certamente inaceitável (até mesmo chocante para os padrões atuais), era raramente considerado no gosto pobre da época. Alguns dos cartões feitos para distribuição local ou regional (mais do que nacional), entretanto, excederam os limites do bom gosto, oferecendo os mais asquerosos tipos de apelo racial.

Muitos cartões repetiam os já gastos temas, piadas e charges encontrados nas páginas dos principais semanários humorísticos e apresentavam centenas de peças burlescas de variedades e menestréis. Os índios americanos eram quase sempre representados com gorros, como caçadores ou lutadores (ou princesas); e os espanhóis, como românticos bandolinistas ou toureiros. Todo escocês vestia tartã*; os negros dançavam espontaneamente quando não executavam corais domésticos. Havia judeus avaros, velhacos e de roupas exageradas (Fig. 6); irlandeses bêbados e briguentos, e alemães gordos e encharcados de cerveja, com sotaques absurdos.

Os cartões mais antigos com temas étnicos, das décadas de 1870 e 1880, parecem ter-se dirigido a audiências majoritariamente anglo-americanas, que apreciavam seu senso de humor (na maïor parte de fantasia elementar ou mesmo agressivamente sexista ou chauvinista). Imigrantes e negros (o alvo de um humor, geralmente benigno, mas por vezes intencionalmente cruel), não eram vistos como consumidores importantes até a década de 1880. Mesmo após se começar a convidar negros livres e imigrantes para adquirir mercadorias, os apelos que se dirigiam a esses grupos utilizavam estereótipos que soam ofensivos aos padrões atuais.

Finalmente, há cartões com membros de grupos étnicos diferentes integrando-se à comunidade de consumo, a pedido das companhias telefônicas e automobilísticas que anunciam hoje, quando um grupo diverso se une no elogio de um serviço ou

---

* Tartã, padrão xadrez de tecido, utilizado pelos clãs escoceses. (N. do T.)

produto. A série da carne enlatada da Wilson Packing Company é um exemplo de tal promoção, em que mais de trinta grupos étnicos diferentes, cada qual a seu modo, endossam o apelo do produto.

Fig. 1. Cartão comercial, final do século XIX. Coleção de John & Selma Appel.

Fig. 2. Cartão comercial, final do século XIX. Companhia da Biblioteca de Filadélfia.

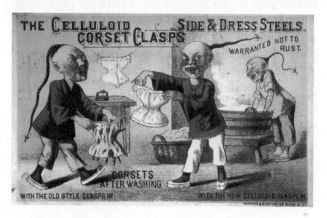

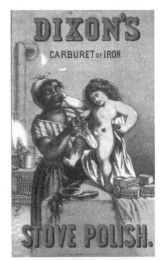

Fig. 3. Cartão comercial, final do século XIX. Coleção Roughwood.

Fig. 4. Cartão comercial, final do século XIX. Companhia da Biblioteca de Filadélfia.

Fig. 5. Cartão comercial, final do século XIX. Coleção Bella C. Landauer - Sociedade Histórica de Nova York.

Fig. 6. Cartão comercial, final do século XIX. Smithsonian Institution.

COLEÇÃO DEBATES

1. *A Personagem de Ficção*, Antonio Candido e outros.
2. *Informação, Linguagem, Comunicação*, Décio Pignatari.
3. *Balanço da Bossa e Outras Bossas*, Augusto de Campos.
4. *Obra Aberta*, Umberto Eco.
5. *Sexo e Temperamento*, Margaret Mead.
6. *Fim do Povo Judeu?*, Georges Friedmann.
7. *Texto/Contexto*, Anatol Rosenfeld.
8. *O Sentido e a Máscara*, Gerd A. Bornheim.
9. *Problemas da Física Moderna*, W. Heisenberg, E. Schrödinger, M. Born e P. Auger.
10. *Distúrbios Emocionais e Anti-Semitismo*, N. W. Ackerman e M. Jahoda.
11. *Barroco Mineiro*, Lourival Gomes Machado.
12. *Kafka: Pró e Contra*, Günther Anders.
13. *Nova História e Novo Mundo*, Frédéric Mauro.
14. *As Estruturas Narrativas*, Tzvetan Todorov.
15. *Sociologia do Esporte*, Georges Magnane.

16. *A Arte no Horizonte do Provável*, Haroldo de Campos.
17. *O Dorso do Tigre*, Benedito Nunes.
18. *Quadro da Arquitetura no Brasil*, Nestor Goulart Reis Filho.
19. *Apocalípticos e Integrados*, Umberto Eco.
20. *Babel & Antibabel*, Paulo Rónai.
21. *Planejamento no Brasil*, Betty Mindlin Lafer.
22. *Lingüística. Poética. Cinema*, Roman Jakobson.
23. *LSD*, John Cashman.
24. *Crítica e Verdade*, Roland Barthes.
25. *Raça e Ciência I*, Juan Comas e outros.
26. *Shazam!*, Álvaro de Moya.
27. *Artes Plásticas na Semana de 22*, Aracy Amaral.
28. *História e Ideologia*, Francisco Iglésias.
29. *Peru: da Oligarquia Econômica à Militar*, Arnaldo Pedroso d'Horta.
30. *Pequena Estética*, Max Bense.
31. *O Socialismo Utópico*, Martin Buber.
32. *A Tragédia Grega*, Albin Lesky.
33. *Filosofia em Nova Chave*, Susanne K. Langer.
34. *Tradição, Ciência do Povo*, Luís da Câmara Cascudo.
35. *O Lúdico e as Projeções do Mundo Barroco*, Affonso Ávila.
36. *Sartre*, Gerd A. Bornheim.
37. *Planejamento Urbano*, Le Corbusier.
38. *A Religião e o Surgimento do Capitalismo*, R. H. Tawney.
39. *A Poética de Maiakóvski*, Boris Schnaiderman.
40. *O Visível e o Invisível*, M. Merleau-Ponty.
41. *A Multidão Solitária*, David Riesman.
42. *Maiakóvski e o Teatro de Vanguarda*, A. M. Ripellino.
43. *A Grande Esperança do Século XX*, J. Fourastié.
44. *Contracomunicação*, Décio Pignatari.
45. *Unissexo*, Charles E. Winick.
46. *A Arte de Agora, Agora*, Herbert Read.
47. *Bauhaus: Novarquitetura*, Walter Gropius.
48. *Signos em Rotação*, Octavio Paz.
49. *A Escritura e a Diferença*, Jacques Derrida.
50. *Linguagem e Mito*, Ernst Cassirer.
51. *As Formas do Falso*, Walnice Nogueira Galvão.
52. *Mito e Realidade*, Mircea Eliade.
53. *O Trabalho em Migalhas*, Georges Friedmann.
54. *A Significação no Cinema*, Christian Metz.
55. *A Música Hoje*, Pierre Boulez.
56. *Raça e Ciência II*, L. C. Dunn e outros.
57. *Figuras*, Gérard Genette.

58. *Rumos de uma Cultura Tecnológica*, Abraham Moles.
59. *A Linguagem do Espaço e do Tempo*, Hugh M. Lacey.
60. *Formalismo e Futurismo*, Krystyna Pomorska.
61. *O Crisântemo e a Espada*, Ruth Benedict.
62. *Estética e História*, Bernard Berenson.
63. *Morada Paulista*, Luís Saia.
64. *Entre o Passado e o Futuro*, Hannah Arendt.
65. *Política Científica*, Heitor G. de Souza, Darcy F. de Almeida e Carlos Costa Ribeiro.
66. *A Noite da Madrinha*, Sérgio Miceli.
67. *1822: Dimensões*, Carlos Guilherme Mota e outros.
68. *O Kitsch*, Abraham Moles.
69. *Estética e Filosofia*, Mikel Dufrenne.
70. *O Sistema dos Objetos*, Jean Baudrillard.
71. *A Arte na Era da Máquina*, Maxwell Fry.
72. *Teoria e Realidade*, Mario Bunge.
73. *A Nova Arte*, Gregory Battcock.
74. *O Cartaz*, Abraham Moles.
75. *A Prova de Gödel*, Ernest Nagel e James R. Newman.
76. *Psiquiatria e Antipsiquiatria*, David Cooper.
77. *A Caminho da Cidade*, Eunice Ribeiro Durhan.
78. *O Escorpião Encalacrado*, Davi Arrigucci Junior.
79. *O Caminho Crítico*, Northrop Frye.
80. *Economia Colonial*, J. R. Amaral Lapa.
81. *Falência da Crítica*, Leyla Perrone Moisés.
82. *Lazer e Cultura Popular*, Joffre Dumazedier.
83. *Os Signos e a Crítica*, Cesare Segre.
84. *Introdução à Semanálise*, Julia Kristeva.
85. *Crises da República*, Hannah Arendt.
86. *Fórmula e Fábula*, Willi Bolle.
87. *Saída, Voz e Lealdade*, Albert Hirschman.
88. *Repensando a Antropologia*, E. R. Leach.
89. *Fenomenologia e Estruturalismo*, Andrea Bonomi.
90. *Limites do Crescimento*, Donella H. Meadows e outros (Clube de Roma).
91. *Manicômios, Prisões e Conventos*, Erving Goffman.
92. *Maneirismo: o Mundo como Labirinto*, Gustav R. Hocke.
93. *Semiótica e Literatura*, Décio Pignatari.
94. *Cozinhas, etc.*, Carlos A. C. Lemos.
95. *As Religiões dos Oprimidos*, Vittorio Lanternari.
96. *Os Três Estabelecimentos Humanos*, Le Corbusier.
97. *As Palavras sob as Palavras*, Jean Starobinski.

98. *Introdução à Literatura Fantástica*, Tzvetan Todorov.
99. *Significado nas Artes Visuais*, Erwin Panofsky
100. *Vila Rica*, Sylvio de Vasconcellos.
101. *Tributação Indireta nas Economias em Desenvolvimento*, John. F. Due.
102. *Metáfora e Montagem*, Modesto Carone.
103. *Repertório*, Michel Butor.
104. *Valise de Cronópio*, Julio Cortázar.
105. *A Metáfora Crítica*, João Alexandre Barbosa.
106. *Mundo, Homem, Arte em Crise*, Mário Pedrosa.
107. *Ensaios Críticos e Filosóficos*, Ramón Xirau.
108. *Do Brasil à América*, Frédéric Mauro.
109. *O Jazz, do Rag ao Rock*, Joachim E. Berendt.
110. *Etc... Etc... (Um Livro 100% Brasileiro)*, Blaise Cendrars.
111. *Território da Arquitetura*, Vittorio Gregotti.
112. *A Crise Mundial da Educação*, Philip H. Coombs.
113. *Teoria e Projeto na Primeira Era da Máquina*, Reyner Banham.
114. *O Substantivo e o Adjetivo*, Jorge Wilheim.
115. *A Estrutura das Revoluções Científicas*, Thomas S. Kuhn.
116. *A Bela Época do Cinema Brasileiro*, Vicente de Paula Araújo.
117. *Crise Regional e Planejamento*, Amélia Cohn.
118. *O Sistema Político Brasileiro*, Celso Lafer.
119. *Êxtase Religioso*, Ioan Lewis.
120. *Pureza e Perigo*, Mary Douglas.
121. *História, Corpo do Tempo*, José Honório Rodrigues.
122. *Escrito sobre um Corpo*, Severo Sarduy.
123. *Linguagem e Cinema*, Christian Metz.
124. *O Discurso Engenhoso*, Antonio José Saraiva.
125. *Psicanalisar*, Serge Leclaire.
126. *Magistrados e Feiticeiros na França do Século XVII*, Robert Mandrou.
127. *O Teatro e sua Realidade*, Bernard Dort.
128. *A Cabala e seu Simbolismo*, Gershom G. Scholem.
129. *Sintaxe e Semântica na Gramática Transformacional*, A. Bonomi e G. Usberti.
130. *Conjunções e Disjunções*, Octavio Paz.
131. *Escritos sobre a História*, Fernand Braudel.
132. *Escritos*, Jacques Lacan.
133. *De Anita ao Museu*, Paulo Mendes de Almeida.
134. *A Operação do Texto*, Haroldo de Campos.
135. *Arquitetura, Industrialização e Desenvolvimento*, Paulo J. V. Bruna.
136. *Poesia-Experiência*, Mario Faustino.

137. *Os Novos Realistas*, Pierre Restany.
138. *Semiologia do Teatro*, J. Guinsburg e J. Teixeira Coelho Netto.
139. *Arte-Educação no Brasil*, Ana Mae T. B. Barbosa.
140. *Borges: uma Poética da Leitura*, Emir Rodríguez Monegal.
141. *O Fim de uma Tradição*, Robert W. Shirley.
142. *Sétima Arte: um Culto Moderno*, Ismail Xavier.
143. *A Estética do Objetivo*, Aldo Tagliaferri.
144. *A Construção do Sentido na Arquitetura*, J. Teixeira Coelho Netto.
145. *A Gramática do Decameron*, Tzvetan Todorov.
146. *Escravidão, Reforma e Imperialismo*, Richard Graham.
147. *História do Surrealismo*, Maurice Nadeau.
148. *Poder e Legitimidade*, José Eduardo Faria.
149. *Práxis do Cinema*, Noel Burch.
150. *As Estruturas e o Tempo*, Cesare Segre.
151. *A Poética do Silêncio*, Modesto Carone.
152. *Planejamento e Bem-Estar Social*, Henrique Rattner.
153. *Teatro Moderno*, Anatol Rosenfeld.
154. *Desenvolvimento e Construção Nacional*, S. N. Eisenstadt.
155. *Uma Literatura nos Trópicos*, Silviano Santiago.
156. *Cobra de Vidro*, Sérgio Buarque de Holanda.
157. *Testando o Leviathan*, Antonia Fernanda Pacca de Almeida Wright.
158. *Do Diálogo e do Dialógico*, Martin Buber.
159. *Ensaios Lingüísticos*, Louis Hjelmslev.
160. *O Realismo Maravilhoso*, Irlemar Chiampi.
161. *Tentativas de Mitologia*, Sérgio Buarque de Holanda.
162. *Semiótica Russa*, Boris Schnaiderman.
163. *Salões, Circos e Cinema de São Paulo*, Vicente de Paula Araújo.
164. *Sociologia Empírica do Lazer*, Joffre Dumazedier.
165. *Física e Filosofia*, Mario Bunge.
166. *O Teatro Ontem e Hoje*, Célia Berrettini.
167. *O Futurismo Italiano*, Aurora F. Bernardini (org.).
168. *Semiótica, Informação e Comunicação*, J. Teixeira Coelho Netto.
169. *Lacan: Operadores da Leitura*, Américo Vallejo e Ligia Cadermatori Magalhães.
170. *Dos Murais de Portinari aos Espaços de Brasília*, Mário Pedrosa.
171. *O Lírico e o Trágico em Leopardi*, Helena Parente Cunha.
172. *A Criança e a FEBEM*, Marlene Guirado.
173. *Arquitetura Italiana em São Paulo*, Anita Salmoni e Emma Debenedetti.
174. *Feitura das Artes*, José Neistein.
175. *Oficina: do Teatro ao Te-Ato*, Armando Sérgio da Silva.
176. *Conversas com Igor Stravinski*, Robert Craft.

177. *Arte como Medida*, Sheila Leirner.
178. *Nzinga: Resistência Africana ao Colonialismo Português*, Roy Glasgow.
179. *O Mito e o Herói no Moderno Teatro Brasileiro*, Anatol Rosenfeld.
180. *A Industrialização do Algodão em São Paulo*, Maria Regina de M. Ciparrone Mello.
181. *Poesia com Coisas*, Marta Peixoto.
182. *Hierarquia e Riqueza na Sociedade Burguesa*, Adeline Daumard.
183. *Natureza e Sentido da Improvisação Teatral*, Sandra Chacra.
184. *O Pensamento Psicológico*, Anatol Rosenfeld.
185. *Mouros, Franceses e Judeus*, Luís da Câmara Cascudo.
186. *Tecnologia, Planejamento e Desenvolvimento Autônomo*, Francisco R. Sagasti.
187. *Mário Zanini e seu Tempo*, Alice Brill.
188. *O Brasil e a Crise Mundial*, Celso Lafer.
189. *Jogos Teatrais*, Ingrid Dormien Koudela.
190. *A Cidade e o Arquiteto*, Leonardo Benevolo.
191. *Visão Filosófica do Mundo*, Max Scheler.
192. *Stanislavski e o Teatro de Arte de Moscou*, J. Guinsburg.
193. *O Teatro Épico*, Anatol Rosenfeld.
194. *O Socialismo Religioso dos Essênios: a Comunidade de Qumran*, W. J. Tyloch.
195. *Poesia e Música*, Antônio Manuel e outros.
196. *A Narrativa de Hugo de Carvalho Ramos*, Albertina Vicentini.
197. *Vida e História*, José Honório Rodrigues.
198. *As Ilusões da Modernidade*, João Alexandre Barbosa.
199. *Exercício Findo*, Décio de Almeida Prado.
200. *Marcel Duchamp: Engenheiro do Tempo Perdido*, Pierre Cabanne.
201. *Uma Consciência Feminista: Rosario Castellanos*, Beth Miller.
202. *Neolítico: Arte Moderna*, Ana Claudia de Oliveira.
203. *Sobre Comunidade*, Martin Buber.
204. *O Heterotexto Pessoano*, José Augusto Seabra.
205. *O que é uma Universidade?*, Luiz Jean Lauand.
206. *A Arte da Performance*, Jorge Glusberg.
207. *O Menino na Literatura Brasileira*, Vânia Maria Resende.
208. *Do Anti-Sionismo ao Anti-Semitismo*, Léon Poliakov.
209. *Da Arte e da Linguagem*, Alice Brill.
210. *A Linguagem da Sedução*, Ciro Marcondes Filho (org.).
211. *O Teatro Brasileiro Moderno*, Décio de Almeida Prado.
212. *Qorpo-Santo: Surrealismo ou Absurdo?*, Eudinyr Fraga.
213. *Conhecimento, Linguagem, Ideologia*, Marcelo Dascal.
214. *A Voragem do Olhar*, Regina Lúcia Pontieri.

215. *Notas para uma Definição de Cultura*, T. S. Eliot.
216. *Guimarães Rosa: as Paragens Mágicas*, Irene J. Gilberto Simões.
217. *A Música Hoje 2*, Pierre Boulez.
218. *Borges & Guimarães*, Vera Mascarenhas de Campos.
219. *Performance como Linguagem*, Renato Cohen.
220. *Walter Benjamin – a História de uma Amizade*, Gershon Scholem.
221. *A Linguagem Liberada*, Kathrin Holzermayr Rosenfield.
222. *Colômbia Espelho América*, Edvaldo Pereira Lima.
223. *Tutaméia: Engenho e Arte*, Vera Novis.
224. *Por que Arte?*, Gregory Battcock.
225. *Escritura Urbana*, Eduardo de Oliveira Elias.
226. *Analogia do Dissimilar*, Irene A. Machado.
227. *Jazz ao Vivo*, Carlos Calado.
228. *O Poético: Magia e Iluminação*, Álvaro Cardoso Gomes.
229. *Dewey: Filosofia e Experiência Democrática*, Maria Nazaré de Camargo Pacheco Amaral.
230. *Grupo Macunaíma: Carnavalização e Mito*, David George.
231. *O Bom Fim do Shtetl: Moacyr Scliar*, Gilda Salem Szklo.
232. *Aldo Bonadei: o Percurso de um Pintor*, Lisbeth Rebollo Gonçalves.
233. *O Bildungsroman Feminino: Quatro Exemplos Brasileiros*, Cristina Ferreira Pinto.
234. *Romantismo e Messianismo*, Michel Löwy.
235. *Do Simbólico ao Virtual*, Jorge Lucio de Campos.
236. *O Jazz como Espetáculo*, Carlos Calado.
237. *Arte e seu Tempo*, Sheila Leirner.
238. *O Super-Homem de Massa*, Umberto Eco.
239. *Artigos Musicais*, Livio Tragtenberg.
240. *Borges e a Cabala*, Saúl Sosnowski.
241. *Bunraku: um Teatro de Bonecos*, Sakae M. Giroux e Tae Suzuki.
242. *De Berlim a Jerusalém*, Gershom Scholem.
243. *Os Arquivos Imperfeitos*, Fausto Colombo.
244. *No Reino da Desigualdade*, Maria Lúcia de Souza B. Pupo.
245. *Comics da Imigração na América*, John J. Appel e Selma Appel.
246. *A Arte do Ator*, Richard Boleslavski.
247. *Metalinguagem & Outras Metas*, Haroldo de Campos.
248. *Um Vôo Brechtiano*, Ingrid Dormien Koudela (org.).
249. *Correspondência*, Walter Benjamin e Gershom Scholem.
250. *A Ironia e o Irônico*, D. C. Muecke.
251. *Autoritarismo e Eros*, Vilma Figueiredo.
252. *Ensaios*, Alan Dundes.
253. *Caymmi: Uma Utopia de Lugar*, Antonio Risério.
254. *Texto/Contexto II*, Anatol Rosenfeld.

255. *História da Literatura Alemã,* Anatol Rosenfeld.
256. *Prismas do Teatro,* Anatol Rosenfeld.
257. *Letras Germânicas,* Anatol Rosenfeld.
258. *Negro, Macumba e Futebol,* Anatol Rosenfeld.
259. *Thomas Mann,* Anatol Rosenfeld.
260. *Letras e Leituras,* Anatol Rosenfeld.
261. *Teatro de Alencar a Anchieta,* Décio de Almeida Prado.
262. *Um Jato na Contramão: Buñuel no México,* Eduardo Peñuela Cañizal (org.).